ENFIN LIBRE

Devenir totalement libre grâce à l'e-commerce

SAAD BEN

Enfin Libre

Table des matières

FELICITATIONS : VOS BONUS OFFERTS !

Merci et bravo d'être passé à l'action et de vous être procuré le livre *Enfin Libre* !

Vous avez fait le premier pas vers la liberté financière (celui que 80 % de gens ne feront jamais). Vous avez parfaitement compris qu'il y a une véritable opportunité dans l'e-commerce et vous aussi, vous voulez votre part du gâteau, et je vous en félicite.

Au travers de ce livre, qui est une véritable formation à part entière, vous allez apprendre comment la nouvelle opportunité de l'e-commerce va vous rendre libre financièrement, géographiquement et temporellement, depuis chez vous et sans connaissances préalables.

★ **Comme promis et afin de vous aider à atteindre cette liberté au plus vite, voici vos BONUS OFFERTS pour l'achat du livre : www.saadben.com/bonus**

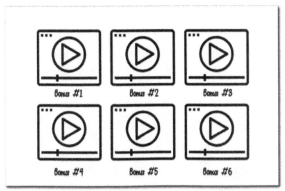

Il s'agit de plusieurs séries de vidéos pratiques, ce sont de véritables modules de formation (vendus par certains des centaines d'euros, avec parfois beaucoup moins d'informations...). Ces séries de vidéos vont vous dévoiler, clic par clic, depuis mon écran, comment mettre en pratique toute la méthode de ce livre afin de vous permettre de devenir totalement libre.

Il vous suffit d'appliquer tout cela, de reproduire clic après clic, en vous laissant guider par les vidéos, pour atteindre votre liberté. En plus, je vais continuer à mettre à jour ces séries de vidéos constamment afin de rendre ce livre totalement intemporel et applicable, quelle que soit le moment auquel vous débutez !

C'est un format unique de livre de formation interactif, encore jamais vu en francophonie, je vous donne TOUT. Ce format va vous garantir d'avoir en permanence les meilleures informations à propos de l'e-commerce. À la fin de ce livre, vous aurez en main toutes les clés pour devenir libre et vivre la vie que vous souhaitez...

DEBLOQUEZ VOTRE BONUS SECRET

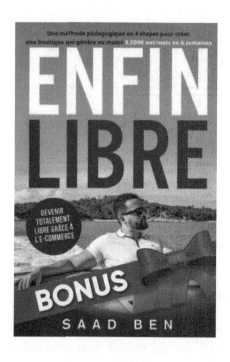

Eh oui, j'ai une deuxième grosse surprise pour vous : Un BONUS secret que je n'ai encore JAMAIS révélé au grand public (ni à qui que ce soit d'ailleurs) !

Il s'agit d'une étude de cas en vidéo (+ PDF) d'un de mes meilleurs produits, un produit que je vends sur ma boutique et qui m'a déjà rapporté plus de 500 000 € de chiffre d'affaires depuis son lancement !

Je vais tout vous révéler dans ce BONUS, sans retenue ni tabou :

★ Le **produit** en question qui m'a généré **500 000 € de CA en exclusivité.**

★ Ma **méthode de recherche** qui m'a permis de le trouver avant tout le monde.

★ Le **fournisseur VIP** que j'utilise personnellement pour ce produit (introuvable sans avoir le contact direct).

★ La **méthode de livraison** que j'ai mise en place avec, qui m'assure des livraisons en **4 à 7 jours ouvrés en France** [INÉDIT].

★ Les **vidéos et images de pubs (creatives)** que j'ai utilisées dans mes publicités et pourquoi elles ont si bien marché.

★ L'**offre marketing géniale** qui m'a permis de **tripler le panier moyen** de mes commandes (et mes bénéfices) sans devoir acheter de stock.

★ Ma **stratégie folle** de campagnes de pub sur Facebook qui a **doublé mes ventes** sans devoir investir plus.

★ Et bien plus encore...

Je pourrais facilement vendre cette étude de cas plusieurs centaines d'euros, comme le font certains de mes concurrents (entre 197 € et 397 €).

Mais j'ai décidé de la réserver uniquement aux personnes qui sont passées à l'action avec ce livre *Enfin Libre* (cette étude ne sera jamais proposée au grand public) afin de vous remercier, vous encourager, vous motiver et vous aider à réaliser vos objectifs le plus rapidement possible !

Comment débloquer ce BONUS FOU ? C'est TRÈS simple : j'aimerais qu'on propulse tous ensemble ce livre en tête d'Amazon pour montrer au monde entier que nous sommes plus nombreux et déterminés que jamais à atteindre cette liberté que nous méritons.

Pour débloquer ce BONUS exceptionnel :

1. Rendez-vous sur la **page Amazon du livre**. Laissez un avis (avec une photo du livre si possible, ça serait vraiment top).

2. Ensuite il vous suffit d'envoyer une capture d'écran de cet avis par email à **avis@saadben.com** et notre équipe va vous envoyer votre bonus **[Étude de cas de mon Produit Gagnant]** dès la réception de votre email.

Mon but, avec ce livre, c'est d'impacter le maximum de personnes et de les aider à changer de vie, à devenir libres financièrement, mais aussi libres de leur temps.

Pourquoi ne pas impacter 10 000 personnes ? Pourquoi pas 100 000 personnes ? Pourquoi pas 1 000 000 de personnes ?

Avec votre soutien, je sais que nous allons y arriver, nous allons inspirer des milliers de personnes à nous rejoindre dans ce voyage vers la liberté.

Merci pour votre soutien, et à tout de suite.

Saad

INTRODUCTION

À QUI S'ADRESSE CE LIVRE ?

Ce livre s'adresse à toutes les personnes qui n'en peuvent plus de la routine métro-boulot-dodo, des horaires imposés, des patrons indifférents ; à tous ceux qui veulent être libres et vivre enfin leur vie comme ils l'entendent.

❖ Vous en avez assez d'enrichir un patron ingrat et de ne récolter que les miettes ?

❖ Vous ne supportez plus de dépendre d'une hiérarchie, d'être contrôlé sans arrêt et sans aucune reconnaissance financière ou morale ?

❖ Vous en avez marre de devoir demander la permission de prendre une semaine de vacances pour profiter des vôtres ?

❖ Vous aimeriez voir disparaître la déprime du dimanche soir en pensant au lundi matin ?

❖ Vous avez la sensation que votre travail vous rend impersonnel, que vous vous êtes perdu dans le Système, que vous avez abandonné vos rêves pour payer vos factures ?

❖ Vous n'avez plus confiance en votre avenir dans le marché du travail et vous souhaitez vous construire une sérénité financière pour aborder les fins de mois en toute tranquillité ?

Eh bien ce livre *Enfin Libre* est fait pour vous.

Il n'a pas la prétention d'être une œuvre faisant éloge à la grammaire française, loin de là, ne vous attendez donc pas à de longues tirades au passé simple (mes excuses par avance à tous les adorateurs de la langue de Molière).

Mon but avec ce livre est tout autre : vous offrir une formation e-commerce complète, dans un langage simple, direct et pratique, pour vous permettre de passer à l'action et d'atteindre vos objectifs personnels au plus vite.

Si vous n'êtes pas satisfait de votre situation actuelle, si vous avez d'autres ambitions que d'être un salarié malheureux, si vous refusez de rester sans emploi, ou souhaitez tout simplement générer un complément de revenus, lisez ce livre et découvrez ma méthode pour devenir libre financièrement, mais aussi libre de votre temps, afin de mener enfin la vie DONT VOUS AVEZ TOUJOURS RÊVÉ !

L'objectif, c'est de se libérer du temps tout en gagnant de l'argent. Ce temps gagné, vous permettra de voyager, de revoir des amis, de faire de nouvelles rencontres, de reprendre cette passion

que vous aviez mise de côté parce que vous n'aviez « pas le temps »,
d'en découvrir d'autres, etc.

Si vous voulez aller encore plus loin, vous pourrez enfin changer
de vie, aller où bon vous semble, aider votre famille, vos amis, vous
acheter cette guitare qui vous fait tant envie, cette maison de vos
rêves, soutenir davantage de causes qui vous sont chères... bref,
réaliser tous les souhaits qui vous semblaient inaccessibles jusqu'à
maintenant et profiter de la vie, tout simplement.

Aujourd'hui, ce que je considère de plus important c'est la liberté
d'avoir le CHOIX. Ne pas être forcé d'accepter un travail ingrat, mal
payé et non reconnu à sa juste valeur, juste parce qu'il faut survivre
coûte que coûte.

La bonne nouvelle, c'est qu'en vous procurant ce livre, vous avez
déjà fait le premier pas vers cette liberté.

LA RAISON POUR LAQUELLE J'AI ECRIT CE LIVRE

Au cours de ces dernières années, j'ai eu la chance de voyager, de
prendre le temps, de rencontrer des gens de tous horizons. Une
chose m'a frappé : la majorité des gens ne sont pas épanouis dans
notre société actuelle, notamment dans leur travail qu'ils vivent
comme une obligation, un fardeau : « il faut bien payer les
factures... ».

Pour moi, chaque jour devrait être une nouvelle aventure et je suis totalement reconnaissant envers la vie d'avoir cette chance là au quotidien. Je reçois constamment des questions de personnes me demandant « comment faire » pour qu'eux aussi puisse profiter de cette liberté. Ces questions ont fini par faire naître en moi une envie de partager, j'ai senti qu'il fallait que j'apporte ma contribution : donner davantage aux gens, afin de les aider à devenir libres, comme on a pu m'aider il y a quelques années lorsque j'ai démarré.

J'ai alors commencé à partager mes connaissances sur Internet, en vidéo. Sur YouTube via deux chaînes, « Saad Ben – Mentor e-commerce » et « Saad Ben Show » : des tutos, des podcasts, des conférences, des coachings, des ateliers, mais aussi des masterminds privés (événements physiques où tous les participants se rassemblent pour apprendre et partager).

Depuis, ce sont plus de **3 500 personnes** qui m'ont fait confiance et qui, combinées, ont généré **plusieurs millions d'euros de chiffre d'affaires.**

C'est absolument fou. Cela dit, je souhaite pouvoir impacter encore plus de personnes, le maximum de personnes et les aider à changer de vie.

Pourquoi pas 10 000 personnes ?
Pourquoi pas 100 000 personnes ?
Pourquoi pas 1 000 000 de personnes ?

J'ai donc cherché un moyen d'impacter ces personnes, et quoi de mieux qu'un livre ? On peut s'y référer facilement, marquer une page importante plutôt que d'essayer de retrouver à quel moment d'une vidéo je vous parle d'une chose ou d'une autre. Il devient un outil pour se remémorer, se motiver, suivre les étapes de la méthode.

Dans ce livre, je veux vous inspirer à travers mon histoire et vous donner les moyens d'écrire la vôtre. Ce que je vous dévoile ici a été prouvé, consolidé, amélioré au fil du temps, afin de vous donner toutes les clés pour devenir libre financièrement et géographiquement, tout en vous donnant du temps pour profiter de la vie.

Vous allez découvrir d'où je suis parti, mon expérience malheureuse du salariat, pourquoi et comment j'ai décidé de prendre ma vie en main alors que personne ne croyait en moi, ma découverte du e-commerce, ainsi que de la méthode qui a complètement changé ma vie. Certains se retrouveront dans mon histoire, dans ces embûches, mais je veux surtout vous faire passer l'idée que vous aussi, vous pouvez le faire.

COMMENT CE LIVRE VA CHANGER VOTRE VIE

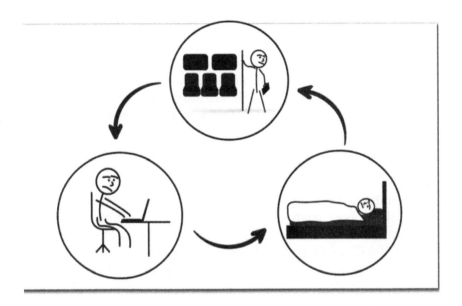

Ce livre va vous libérer de la routine métro-boulot-dodo.

L'un des plus gros déclics dans mon aventure entrepreneuriale a été de me rendre compte que l'argent n'est ni bien, ni mal, il est neutre. C'est tout simplement un outil, et comme tous les outils c'est l'utilisation que vous en faites qui compte : l'utiliser pour avoir un meilleur appartement ou une plus grande maison, régler des factures, des dettes, pouvoir prendre soin de toute votre famille, de vos enfants, partir plus souvent en vacances, donner plus à votre œuvre caritative favorite, ou acheter le dernier iPhone. Peu importe, vous êtes le maître de cet outil.

Ce livre ne contient donc aucun tabou à propos de l'argent, aucun préjugé, ni jugement de valeur, bien au contraire : nous sommes ici ensemble pour vous apprendre à gagner plus d'argent et l'utiliser comme bon vous semble.

Tous les chiffres mentionnés au cours de ce livre (que ce soient les miens ou ceux de mes élèves) ont pour seul et unique but de vous faire entrevoir les possibilités actuelles et futures de l'e-commerce, de vous inspirer et de vous motiver à passer à l'action pour atteindre vos objectifs au plus vite.

« S'ils l'ont fait, pourquoi pas moi ? »

C'est cette citation qui m'a poussé à me lancer alors que personne ne croyait en moi. Je souhaite vous inspirer pour que vous adoptiez le même état d'esprit en lisant ce livre, et que vous puissiez générer les chiffres présentés ici tout en visualisant votre vie future.

Vous allez apprendre comment créer une boutique rentable, sans gros capital ni diplômes, en partant de zéro grâce à la nouvelle opportunité de l'e-commerce. Je vais vous montrer étape par étape ma méthode pour gagner **3 500 € net par mois en six semaines**, sans connaissance en marketing ni en vente, et cela depuis chez vous. 3 500 € par mois, c'est le double de ce qu'on vous propose la plupart du temps en tant que salarié débutant, et parfois même après plusieurs années de travail et de longues études !

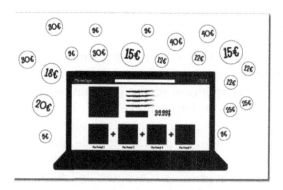

➤ Vous êtes peut-être persuadé qu'il vous faut travailler de nombreuses heures tous les jours de la semaine, toute l'année, pour gagner beaucoup d'argent ?

➤ Vous pensez que le business en ligne n'est pas fait pour vous ?

➤ Qu'il faut être un « jeune » qui s'y connaît en informatique ?

➤ Que ce genre de métier, « c'est trop beau pour être vrai » ?

➤ Qu'il faut avoir des produits sous la main ?

➤ Connaître des fournisseurs personnellement ? Faire de l'import/export ?

Ce livre va vous prouver le contraire. Il va pulvériser ces préjugés.

Même si vous n'avez jamais rien vendu sur Internet auparavant, avec la méthode décrite dans ce livre, vous pourrez passer rapidement à l'action et commencer à toucher vos premiers revenus — et croyez-moi, je ne parle pas de dizaines d'euros, mais de centaines ou de milliers d'euros !

Je ne vous demande qu'une seule chose : lisez entièrement ce livre et surtout appliquez-le, passez à l'action. L'action amène la réussite et toute information n'a aucune valeur si elle n'est pas appliquée.

MA MÉTHODE EN 4 ÉTAPES POUR DEVENIR LIBRE

———

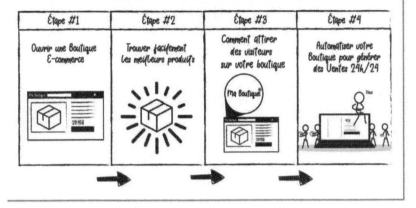

MA MÉTHODE EN 4 ÉTAPES POUR DEVENIR LIBRE

Étape #1	Étape #2	Étape #3	Étape #4
Ouvrir une Boutique E-commerce	Trouver facilement les meilleurs produits	Comment attirer des visiteurs sur votre boutique	Automatiser votre Boutique pour générer des Ventes 24h/24

★ **Étape #1** : Ouvrir une boutique e-commerce, sans stock, sans inventaire et sans même toucher les produits.

★ **Étape #2** : Trouver facilement les meilleurs produits à vendre sur votre boutique, SANS parler à des fournisseurs ni faire de l'import-export.

★ **Étape #3** : Attirer des visiteurs sur votre boutique et générer des ventes tous les jours.

★ **Étape #4** : Automatiser votre boutique pour générer des Ventes 24 h/24 et 7 j/7, SANS être devant votre écran.

Ce livre ne vous donne pas simplement des « conseils » ou une « théorie » sur le e-commerce : à chaque étape de votre lecture, vous trouverez un plan d'action précis ainsi qu'une checklist pour directement mettre en application l'étape en question.

Nous allons donc construire votre boutique au fur et à mesure de ce livre, et vous allez vous rapprocher de vos rêves, page après page.

Les 4 étapes de ma méthode sont abordées à partir de la Partie 2 de ce livre.

Attention : ne sautez surtout pas directement à la Partie 2. Commencez par la Partie 1 qui est courte et où surtout j'y dévoile le plus gros « secret » de ma réussite. Sans ce secret, je ne serais jamais devenu libre et vous ne seriez pas en train de lire ces lignes ! Alors, lisez-le, vous allez adorer je vous le garantis !

Vous tenez bien ce livre entre vos mains ? Alors, éteignez le téléviseur, mettez votre smartphone sur mode avion, éliminez toutes les distractions, parce que vous êtes sur le point de changer de vie.

PARTIE 1 :
MON HISTOIRE

CHAPITRE UN

QUI EST SAAD BEN ?

Je tiens à me présenter rapidement pour les personnes qui me découvrent via ce livre. Je m'appelle Saad Ben, je suis aujourd'hui Expert & Mentor en e-commerce. Mon aventure a démarré en 2016, depuis j'ai généré plus de 12 millions de chiffre d'affaires à travers mes boutiques e-commerce, en partant de 0, seul dans ma chambre d'étudiant et alors que personne ne croyait en moi...

Récemment j'ai même été interviewé sur ma réussite par le magazine Forbes. Jamais je n'aurais imaginé à mes débuts qu'un magazine me contacterait pour parler de ce que je fais, et encore moins ce magazine-là !

Forbes, c'est le magazine économique qui parle des gens riches à succès, celui qui classe les milliardaires ! Et ils sont venus me chercher pour savoir comment j'avais fait ; c'est avec plaisir que j'ai accepté de tout partager avec eux.

C'est grâce à l'e-commerce que j'ai pu changer de vie, sans cela je serais sûrement sous un néon à 19 h 47 un mardi soir à faire des heures sup' pour un patron qui connaît à peine mon prénom...

J'ai aujourd'hui la chance de vivre la vie que j'ai choisie, une vie qui me passionne et me pousse à devenir meilleur au quotidien, à voyager à travers le monde, à découvrir, à apprendre.

Début 2020, je me suis expatrié à Bangkok, une ville dont je suis tombé amoureux lors d'un de mes déplacements. J'ai réalisé un de mes rêves d'enfant : vivre dans un gratte-ciel, pour admirer la ville et ses lumières, avec un panorama à quasiment 180°, un cinéma privé, une terrasse avec une vue époustouflante, une piscine et salle de sport privée, un service cinq étoiles 24 h/24, 7 j/7, ainsi qu'un lounge business !

Toutes ces choses qui me paraissaient tout droit sorties d'un film, qui « n'étaient pas pour moi », qui me semblaient totalement inaccessibles...

Mais ces choses n'étaient pas inaccessibles pour moi et ne le sont pas non plus pour vous...

Aujourd'hui, ma plus grande fierté, ce n'est pas mon expatriation en Thaïlande, ce ne sont pas les voyages, les beaux lieux qui m'appartiennent... Non, aujourd'hui, je suis fier d'avoir pu acheter à mes parents ce dont ils rêvaient et d'avoir mis ma famille à l'abri du besoin. D'avoir pu aider des amis au chômage en les faisant travailler avec moi. C'est ça, ma vraie réussite.

J'ai d'ailleurs longtemps hésité à vous décrire là où j'habite, à parler de chiffres d'affaires, notamment de « millions ». Je conçois tout à fait qu'entendre ce genre de chiffres lorsque l'on débute peut paraître absurde et complètement déconnecté de la réalité. *Mais rassurez-vous : le but n'est pas de faire des millions pour faire des millions, mais bien d'être libre, d'avoir le choix, le confort financier, de faire ce que l'on veut quand on veut sans pression extérieure, ni obligations.*

J'ai tout de même décidé de vous partager ceci, afin d'inspirer le maximum de personnes. Prenez tout cela comme une motivation, car je suis parti d'un milieu modeste, je n'avais rien de plus que vous, si j'ai pu le faire, vous pouvez aussi le faire ! Toute cette réussite, c'est la vitrine qui brille aux yeux des gens, qui attire et fait rêver.

Mais cela n'a pas toujours été comme ça...

POURQUOI J'AI VOULU CHANGER DE VIE

Je n'ai pas toujours été libre de mes choix. Il y a quelques années, j'étais un étudiant malheureux qui voyait un avenir pas vraiment rose se dresser devant lui. Je ne me sentais pas fait pour le salariat, mais la pression sociale, la famille — qui m'encourageait à trouver un emploi sécurisant — m'ont convaincu de m'engager dans cette voie.

Cette pression était double, car j'étais l'aîné d'une fratrie issue milieu plutôt modeste (mes parents n'ont pas fait d'études). Ma famille voyait donc mon avenir tout tracé : je terminerais mes études avec un bon diplôme en poche, j'intégrerais une grosse entreprise en tant que salarié, je travaillerais dur pour monter les échelons, me marierais le plus tôt possible, des enfants, un crédit pour acheter la maison, un autre pour la voiture, et au bout de 40 ans de dur labeur j'obtiendrais enfin une retraite correcte, pour enfin commencer à « profiter » de la vie comme la société l'avait décidé...

Le fait de devoir sacrifier deux tiers de ma vie dans un travail qui me rendrait malheureux, pour pouvoir ensuite « profiter » seulement du tiers restant (si j'avais la chance d'être encore en bonne santé à ce moment-là) m'a toujours profondément mis mal à l'aise et rendu triste.

Lorsqu'on y réfléchit 2 minutes, cela n'a absolument aucun sens ! Nous travaillons 5 jours par semaine pour 2 jours de week-end, 11mois par an pour 1 mois de vacances et 40 ans pour 20 ans de cette fameuse retraite que le gouvernement nous fait miroiter telle la carotte au bout du fil qui fait avancer l'âne...

Mais malgré ce constat, je ne connaissais rien d'autre que le salariat à l'époque. Surtout qu'à chaque fois que j'en parlais autour de moi, tout le monde me répétait la même chose : « Eh oui Saad c'est la vie d'adulte, il faut souffrir c'est normal, c'est fini de s'amuser ! » Je suppose qu'on leur avait dit la même chose il y a quelques années, et qu'ils le répètent aujourd'hui sans même remettre ces paroles en question...

Ce n'était clairement pas ce que je voyais pour moi, mais j'ai quand même serré les dents et continué jusqu'à mon diplôme.

Mon premier emploi en tant que salarie

Pour valider mes années d'études, je devais effectuer un stage en entreprise de six mois, avoir un rire forcé lors des blagues de mon patron et espérer qu'à l'issue de ce stage, il m'embaucherait en CDI (le Saint Graal de notre société).

J'ai trouvé un stage très éloigné de la maison familiale et j'ai dû déménager. C'était difficile : autre ville, autre environnement, pas d'ami, tout à recréer. Je n'avais pas assez d'argent pour loger dans la ville de l'entreprise en question et j'ai donc loué un petit logement à plus d'une heure de mon lieu de travail.

C'est pendant ce stage que j'ai découvert le monde du salariat et son enfer à ciel ouvert...

Mon patron était un des pires qui soient. Il passait son temps à nous humilier, à nous stresser. Ce n'était jamais assez, jamais assez bien. Nous n'avions qu'une demi-heure de pause pour manger. Si à 18 h, je n'avais pas terminé une tâche, je devais rester jusqu'à ce qu'elle soit accomplie. Je travaillais même le week-end, à distance. Nous étions payés une misère. Mes parents m'aidaient un peu financièrement, comme ils le pouvaient, mais ce n'était pas assez.

Une des phrases préférées de mon patron, c'était — je m'en rappellerai toujours — « Regardez les amis, aujourd'hui j'ai reçu trente CV ! » Une manière de nous dire que nous étions très facilement remplaçables.

J'ai travaillé dans cette société en tant que salarié sans quasiment voir le jour, à coups de métro-boulot-dodo : je devais me réveiller à 6 h du matin, je partais au travail à l'aube dans la pénombre et rentrais le soir alors qu'il faisait déjà nuit. Chaque jour sans rêve, je ne travaillais que pour survivre, pour payer mes factures à la fin du mois, factures que je payais pour pouvoir travailler (appartement, transports, électricité, nourriture), je tournais donc complètement en rond, tel un rat dans une cage.

J'étais prisonnier de cette *Rat-Race* (« course de rats »), spectateur de ma propre vie…

Au bout du cinquième mois, j'étais au bord du craquage. J'en ai parlé à mes parents, mais leur réponse a été sans pitié : « sois un homme, il faut écouter ce que dit ton patron ! ». Pendant des mois, je n'avais cessé de me remettre en question : « mais qu'est-ce que je fais là ? ». Je n'habitais pas chez moi, j'habitais sur mon lieu de travail ! Je rentrais à 20 h dans mon logement pour y dormir et le reste du temps je vendais mon temps à cette entreprise. Ou plutôt je le lui donnais.

Je me disais que j'allais peut-être m'habituer à cette routine infernale, devenir le salarié idéal que tout le monde voulait que je sois, qu'après tout c'était ça la vie d'adulte « normale », que le problème c'était peut-être moi…

Mais un jour le barrage a cédé : non, ce n'est pas possible, ça ne peut pas être ça, ma vie. Je ne peux pas passer 40 ans à travailler juste pour attendre la retraite, ce n'est pas moi.

J'étais face à un gros dilemme : est-ce que je devais sécuriser mes revenus malgré tout ou prendre le risque de tout lâcher pour quelque chose de nouveau, sans être sûr de réussir ? Le pire, c'est qu'au bout de six mois, mon patron me proposait trois mois de stage supplémentaires non rémunérés — ce qui est illégal — avec la promesse d'un contrat de travail par la suite au SMIC. Et il pensait être généreux...

Entre-temps, j'avais commencé la lecture de certains livres qui pourraient me permettre de sortir de cette situation. Après tout, il devait bien y avoir des gens heureux dans ce qu'ils faisaient ? Ou bien des gens qui ont réussi par eux-mêmes ?

Mon premier livre non obligatoire, celui qu'on ne vous impose pas à l'école, ça a été *Les secrets d'un esprit millionnaire*, de T. Harv Eker. Il a été déterminant pour moi, il m'a ouvert l'esprit et montré qu'il y existe d'autres chemins à emprunter pour mener une vie qui nous convient.

Et il m'a surtout donné le courage dont j'avais besoin pour prendre l'une des meilleures décisions de ma vie : démissionner.

Le jour de ma démission a été fondateur pour moi. C'était une grande décision que je devais annoncer aux parents, à la famille aussi, avec le risque qu'ils se moquent de moi ou soient déçus.

Mes parents avaient résisté à mes plaintes pendant des mois, malgré ce que je leur racontais. Lorsque finalement je leur ai dit « je fais ce que je veux, vous n'avez pas le choix, je me lance dans autre chose », ils m'ont répondu : « OK ». Mais c'était un OK qui voulait dire : « Vas-y, tu vas échouer et après tu reviendras et tu iras travailler pour un autre patron ». Je les comprends : avec tout ce qu'ils entendaient sur le chômage, la difficulté de trouver un emploi, ils voulaient ce qu'il y a de mieux pour moi.

Quand j'ai annoncé à mon patron que je démissionnais, il l'a très mal pris. Selon lui, j'aurais dû considérer qu'il me faisait une faveur en me prenant comme salarié. Il m'a même menacé de ruiner ma réputation auprès de ses amis et de patrons des grosses sociétés de la ville, pour que je ne retrouve pas d'emploi.

Quelque part, je peux dire merci à ce patron d'avoir été comme ça. S'il avait été un bon patron, avec la pression familiale et de celle de la société, je serais resté dans ma zone de confort et je ne serais pas là en train de vous parler de liberté.

Ma première experience en tant qu'indépendant

Me voilà lancé, j'ai franchi le pas. Mes parents étaient donc déçus et moi, je ne devais pas échouer. De toute façon je n'avais pas d'autre choix. Je me suis dit : pourquoi ne pas lancer une société de développement informatique, puisque ça, je sais faire ? Je voulais réaliser des sites web, des logiciels, des applications mobiles.

Nous avons donc créé une société avec quatre amis de l'école. Je me rappelle très bien le premier jour : on avait les bureaux, les ordinateurs, on était installé et on s'est regardés comme des idiots. Comment on fait maintenant ? Comment ça se passe ? Où sont les projets ? Comment on va trouver des clients ?

On n'avait aucune expérience dans l'entrepreneuriat, on ne s'était même pas rendu compte qu'on avait tous les mêmes compétences, mais personne en marketing, personne en vente, personne pour la promotion. On était vraiment naïfs.

Le premier mois, on est à peine arrivés à payer les frais de la société. Je me suis senti personnellement responsable de cet échec parce que c'est moi qui avais motivé mes amis, qui leur avais assuré qu'on allait réussir. Pire encore, on était entrés dans le même schéma qu'on avait fui, à savoir que nos clients étaient devenus nos nouveaux patrons : ils dirigeaient le projet, demandaient des modifications tard dans la nuit, appelaient à n'importe quel moment parce que leur site ne marchait plus ou qu'ils voulaient une autre couleur de fond... Je devais trouver une solution pour nous sortir de là.

On avait des ordinateurs, une connexion Internet... et je les ai utilisés de la manière la plus simple possible : **j'ai tapé la requête désespérée « comment faire de l'argent sur Internet ». Ça a été mon premier contact avec le business sur Internet.**

Étais-je crédule ou était-ce le destin ? Je n'avais de toute façon pas le choix.

LE SYNDROME DE L'OBJET BRILLANT

J'ai vu des dizaines de résultats de recherche s'afficher sur mon écran, vantant tous comment devenir riche facilement. Dans ma tête, le business en ligne, c'était de l'arnaque : ce n'est pas possible, il doit y avoir « truc ». Mais dos au mur, je devais tester quelque chose.

Mon approche a été très impulsive au début. Je n'avais ni plan ni but. J'essayais tout, au hasard, passant d'un business à l'autre. Quand ça commençait à prendre forme, j'arrêtais et je testais autre chose. J'avais le syndrome de l'objet brillant, comme un enfant attiré par ce qui brille, mais qui lâche l'objet après l'avoir un peu observé, avant d'être attiré par un autre objet brillant. C'est aussi la malédiction de celui ou celle qui veut se lancer dans un business d'indépendant : on bouillonne d'idées, des listes entières de choses qu'on aimerait réaliser, dans tous les sens, et on cherche à se lancer dans tout à la fois. Je suis sûr que vous souriez en lisant ça. Ça vous parle, n'est-ce pas ?

J'ai testé la Bourse, le Forex (c'est un marché où des devises sont échangées l'une contre l'autre à divers taux), l'affiliation (un diffuseur affiche sur son site les offres commerciales de l'annonceur contre une rémunération), des créations d'applis sur téléphone... Rien n'a vraiment marché. Je me dispersais trop, alors forcément je n'avais pas de résultats.

Je n'avais aucune idée de ce que je voulais faire ; ce qui était sûr, c'est que je ne voulais plus de cette vie de salarié. Et je voulais gagner de l'argent en faisant quelque chose qui me plaisait.

Juste avant mon stage, j'avais échangé avec un élève de ma classe sur la façon dont il monétisait ses blogs avec de la publicité ; il gagnait seulement quelques dizaines d'euros par mois, mais c'était assez pour attirer mon attention. J'ai voulu tester la formule en créant un blog sur les perroquets.

Pourquoi les perroquets ? Parce qu'un ami passionné se plaignait qu'il n'existait pas assez de vidéos et d'articles dessus. Je me suis dit pourquoi ne pas créer cela et le monétiser ensuite ? Cela n'a pas donné grand-chose, mais je me souviens de mon premier chèque avec ce blog : 45 €. Même en les voyant s'afficher sur mon écran, je me disais : « le chèque ne va pas arriver ». Je n'y croyais pas. Je l'ai pourtant reçu dans ma boîte aux lettres. À l'époque, il fallait aller dans un point de vente Western Union pour encaisser du cash, les virements bancaires n'étaient pas encore courants.

Quand j'ai encaissé mon cash, je me suis dit : « là c'est vraiment du réel, ce ne sont pas de simples chiffres sur un écran ! ».

Une étincelle s'est allumée, j'ai repris espoir. J'avais déçu mes parents et mes amis, mais je n'avais jamais été aussi heureux, et **je ne le savais pas encore, mais ce premier chèque de 45 € marquait le début d'une toute nouvelle vie...**

CHAPITRE DEUX

MA DECOUVERTE DE L'E-COMMERCE

Mon syndrome de l'objet brillant s'est envolé le jour où j'ai découvert le business qui allait changer ma vie : l'e-commerce.

À l'époque, cela me semblait très intéressant, mais je ne voulais pas prendre de risque financier. Et j'avais la fausse croyance que l'e-commerce était inaccessible pour moi, qu'il demandait un gros budget de départ, d'avoir certainement des connaissances dans le business, de sortir d'une école de commerce, et que sais-je encore !

J'ai appris — et il faut que vous le sachiez — que le marché de l'e-commerce est en train d'exploser. Il est question d'un marché mondial de 4,5 trillions de dollars. Oui, trillions. Pas millions ou milliards, trillions de dollars.

Pour vous faire une idée de ce que représente un trillion de dollars, imaginez-vous face au stade de France rempli de billets de 100 dollars, sur des piles de deux mètres de haut. Maintenant, multipliez ça par 4,5...

Et le gâteau ne fait que grossir d'année en année. En France, ne serait-ce que sur l'année 2019, le marché en e-commerce a franchi la barre des 100 milliards d'euros.[1] Et la courbe continue de grimper : en 2020, il était déjà question de plus de 115 milliards d'euros !

---

[1] *Journal du Net*, 5 février 2020.

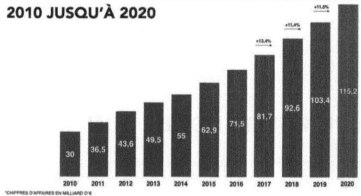

ÉVOLUTION DE L'E-COMMERCE EN FRANCE DEPUIS 2010 JUSQU'À 2020

*CHIFFRES D'AFFAIRES EN MILLIARD D'€

SOURCE : FEVAD

La pandémie, les confinements, n'ont rien arrêté, bien au contraire. Alors que Zara ou d'autres sociétés ont fermé plusieurs de leurs magasins, l'e-commerce a explosé, car les gens coincés chez eux n'ont pas eu d'autre solution que d'acheter sur Internet.

Entre juin 2019 et juin 2020, les dépenses en e-commerce ont augmenté de 13 % pour arriver à 44,5 milliards d'euros sur l'année, avec en moyenne 58 € dépensés par commande[2].

---

[2] LSA Commerce connecté.

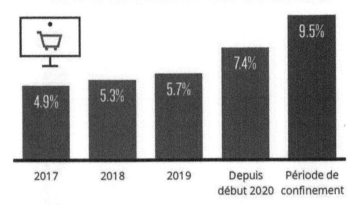

LE E-COMMERCE GÉNÉRALISTE VOIT SA PART DE MARCHÉ BONDIR CETTE ANNÉE

Part de marché valeur du e-commerce généraliste sur les produits de grande consommation et frais libre-service

4.9%	5.3%	5.7%	7.4%	9.5%
2017	2018	2019	Depuis début 2020	Période de confinement

Source : Nielsen ScanTrack. Scope : Drive + Livraison à Domicile dont Amazon. Données au 12/04.

Copyright © 2020 The Nielsen Company

Quant aux prévisions à 2024, on voit bien que l'e-commerce n'est pas près de s'essouffler : d'après *Market Insight*[3], le marché de l'e-commerce en France devrait atteindre la somme exorbitante de presque 152 milliards d'euros !

---

[3] *France E-Commerce Market - Growth, Trends, And Forecast (2019-2024),* mars 2019.

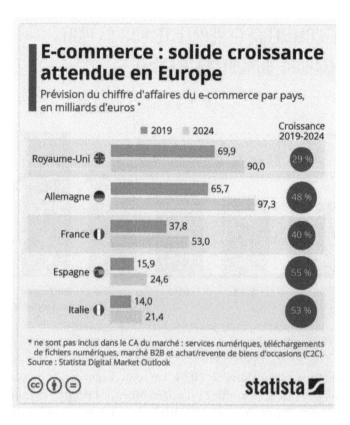

E-commerce : solide croissance attendue en Europe

Prévision du chiffre d'affaires du e-commerce par pays, en milliards d'euros *

2019   2024   Croissance 2019-2024

Royaume-Uni   69,9 / 90,0   29 %
Allemagne   65,7 / 97,3   48 %
France   37,8 / 53,0   40 %
Espagne   15,9 / 24,6   55 %
Italie   14,0 / 21,4   53 %

* ne sont pas inclus dans le CA du marché : services numériques, téléchargements de fichiers numériques, marché B2B et achat/revente de biens d'occasions (C2C).
Source : Statista Digital Market Outlook

statista

Vous pouvez me croire quand je vous dis que l'e-commerce est la meilleure opportunité de ce siècle.

Rendez-vous compte qu'à peine plus de la moitié de la population mondiale a aujourd'hui accès à Internet[4]. Imaginez lorsque toute la planète sera connectée !

---

[4] Rapport annuel du digital, de *Hootsuite* et *We Are Social* : 58% de la population mondiale, soit 4,48 milliards de personnes, octobre 2019.

La moitié de la population mondiale est désormais connectée à Internet

Plus de 3,8 milliards d'individus, soit 51 % de la population mondiale, se sont connectés à Internet l'an passé selon un rapport de l'analyste américaine Mary Meeker. La croissance

Mes premiers pas en e-commerce

J'ai lancé ma première boutique e-commerce sur le marché américain en 2016 sur la thématique... des perroquets. Pour faire des ventes le plus rapidement possible, j'ai décidé de mettre en ligne ma boutique avec un seul produit affiché : un simple pendentif en forme de perroquet. Mais je n'imaginais pas ce qui allait se passer : ma toute première journée avec la boutique en ligne, je réalise 50 ventes, oui, 50 !

J'achetais ce produit 1 € et je le revendais à 10 € sur ma boutique, je faisais donc 9 € de bénéfices par vente. **Cette journée à elle seule m'a rapporté 400 €, soit un quart de mon ancien salaire, en un seul jour.**

C'est à ce moment que j'ai eu le déclic : j'allais devenir e-commerçant à plein temps. Si j'avais pu gagner 400 € en un seul jour avec ma boutique construite en quelques jours, j'étais capable de faire bien plus.

Combien puis-je gagner si je me consacre entièrement à l'e-commerce ?

Le potentiel était énorme. J'ai donc décidé d'arrêter de regarder les « objets brillants » à droite et à gauche pour me consacrer à 100 % à l'e-commerce. J'allais y mettre tout mon temps et toute mon énergie, pour concrétiser tous mes rêves.

J'ai commencé par ajouter d'autres produits sur ma boutique, des jouets, des cages, des bijoux, des T-shirts, des décorations. Ma plus grosse motivation n'était pas de gagner beaucoup d'argent, c'était de ne plus jamais avoir à travailler pour un patron, parce que j'avais trop souffert. J'ai fini par fermer ma société de développement informatique et mes amis se sont lancés comme moi dans le e-commerce.

Après quelques semaines sur ce rythme, j'ai fini par atteindre la barre des 200 € de chiffre d'affaires par jour, **c'est-à-dire entre 2 000 et 3 000 € net par mois.** C'était complètement fou, je n'en croyais pas mes yeux, j'avais l'impression d'être dans un rêve éveillé, d'avoir trouvé le filon d'or caché, inconnu de tous.

J'étais maintenant confiant en l'avenir. Je n'avais plus à pointer pour un patron tous les jours de la semaine, à subir le métro-boulot-dodo, ni à faire un travail qui ne me plaisait pas. Je pouvais organiser mes journées comme je le voulais. Si j'avais envie de sortir, je n'avais pas à demander la permission à qui que ce soit. Finies, les courses le samedi matin avec tout le monde, à faire la queue aux caisses pendant des heures parce que dans la semaine je rentrais trop tard du boulot. Je pouvais me coucher tard si je le voulais, j'avais une totale maîtrise de mes revenus et de mon temps. Je n'avais plus peur de ne pas retrouver de travail, parce que l'argent continuait d'arriver TOUS LES JOURS sur mon compte.

Mais je voulais plus : je voulais devenir totalement libre financièrement et géographiquement, être sûr de ne plus jamais avoir à travailler pour un patron, de voyager quand je le voulais et mettre définitivement ma famille à l'abri.

Et justement les étoiles allaient s'aligner quelques semaines plus tard...

L'APPEL QUI A TOUT CHANGE

Février 2017, je reçois un appel de mon cousin Adam, on prend de nos nouvelles respectives... Nous avons toujours été assez proches avec Adam, nous passions la plupart de nos étés ensemble dans notre enfance, mais malgré cela je n'osais pas lui révéler ma nouvelle activité. Comme moi, il était l'aîné de sa famille et le premier à avoir eu l'opportunité de faire des études, il avait vécu une pression familiale pour réussir qui était similaire à la mienne. Et la dernière fois que nous nous étions parlé, il entamait sa dernière année d'études. Je me disais qu'il devait être salarié dans une entreprise à l'heure qu'il est, et que si je lui parlais de « business en ligne », il n'allait pas comprendre, c'est sûr...

Quelle n'a pas été ma surprise lorsqu'il m'a demandé mon avis sur une boutique e-commerce, SA boutique e-commerce !

On s'est soudain aperçus qu'on faisait exactement la même chose. Adam avait en réalité quitté ses études à 6 mois de son diplôme sans même effectuer son stage en entreprise. Il générait déjà autour de 2 500 € tous les mois en e-commerce. Wow, quelle coïncidence, la vie est parfois magique !

Autant dire que la conversation est devenue passionnée. Nous avons continué à échanger et à nous entraider au fil des semaines pour améliorer nos ventes sur nos boutiques respectives.

Et, c'est tout naturellement que nous avons décidé de nous associer pour créer des boutiques ensemble, et la beauté d'Internet c'est que nous pouvions faire cela chacun depuis notre studio, dans des villes différentes, par appels vidéo sur Skype.

Nous étions loin de nous douter que cette association allait complètement changer nos vies et celles de milliers de personnes quelques années plus tard...

LE DEBUT D'UNE NOUVELLE AVENTURE

Février 2021 : 4 ans après cette conversation, nous avons généré ensemble plus de 12 millions de chiffre d'affaires sur nos boutiques e-commerce, et nous avons eu la chance de voyager énormément : Maroc, Thaïlande, Hong Kong, Macao, Malaisie, Europe de l'Est, Canada, etc.

Lors de chacun de ces voyages, on rencontrait de nombreux entrepreneurs, dans divers domaines, qui nous posaient énormément de questions sur notre réussite, nous demandaient des conseils, des stratégies pour générer plus de revenus. Il s'agissait de nos premiers contacts extérieurs avec d'autres personnes qui avaient décidé d'emprunter un chemin différent du salariat, on se comprenait entre nous, on parlait le même langage. C'est donc volontiers qu'on les aidait sur leur business. En fait : on les coachait sans même s'en rendre compte.

Puis nous avons fait la connaissance d'Enzo, un coach en développement personnel, qui m'a demandé d'intervenir en tant qu'expert du e-commerce dans un de ses coachings de groupe en ligne. C'était un nouveau défi, j'ai accepté.

C'était la première fois que je partageais mes connaissances ainsi devant un auditoire. Comme l'expérience avait été constructive, j'ai continué à intervenir sur la chaîne YouTube d'Enzo en 2018. **J'y prenais goût, je découvrais une nouvelle vocation chez moi.** Les réactions de la communauté étaient très positives et pas mal de personnes en voulaient « plus ». Tout cela commençait à mûrir dans ma tête.

Alors j'ai fini par lancer mon site **www.saadben.com** et une chaîne YouTube : **Saad Ben – Mentor e-commerce**, pour aider les débutants dans le domaine. Et c'est dans ce même esprit que je partage mes connaissances avec vous dans ce livre.

Quelques témoignages de résultats de mes coachings

De nombreuses personnes nous ont partagé leur témoignage sur ce que leur a apporté mon coaching. Ils vous diront mieux que moi ce qu'ils en ont tiré comme bénéfices. C'est de cette expérience dont je veux vous faire profiter avec ma méthode que vous allez trouver dans les pages suivantes.

Je vais vous expliquer étape par étape ma méthode, vous donner les conseils que tout dropshipper devrait connaître au début de son aventure, pour qu'à la fin de cette lecture vous soyez prêt à réaliser vos rêves grâce à l'e-commerce.

Bravo d'avoir fait la démarche de lire ce livre, il va changer votre vie.

PARTIE 2 :
MA MÉTHODE EN
4 ÉTAPES POUR
DEVENIR LIBRE

Vous avez découvert mon passé, vous avez suivi tout le chemin que j'ai parcouru pour enfin me libérer du salariat, il est temps que je vous offre ce qui m'a permis de générer 12 millions d'euros de chiffre d'affaires et de changer totalement de vie.

Aujourd'hui, dans ce livre, je veux vous faire profiter de ma méthode unique pour que vous aussi, vous puissiez envisager un futur meilleur qui vous corresponde vraiment.

Imaginez : plus besoin de vous réveiller à heure fixe tous les jours pour aller travailler chez un patron ingrat, plus besoin d'accepter un travail que vous détestez parce que vous devez survivre, plus besoin de compter votre argent pour ne pas être à découvert... Vous pourrez aider votre famille, vos amis, ou une cause qui vous est chère. Voyager, sortir de votre ville, découvrir d'autres pays, d'autres cultures. Vous offrir ce qui vous fait envie depuis toujours sans avoir à économiser des mois ou des années pour l'avoir. Tout cela grâce à l'e-commerce et à ma méthode pédagogique.

Tout le monde peut réussir. Vous, moi, tout le monde.

* ❖ Âge limite ?
* ❖ Compétences particulières en informatique ?
* ❖ Diplômes en e-commerce ou en marketing ?
* ❖ S'y consacrer à plein temps ?
* ❖ Certaines nationalités seulement ?

Barrez tout cela. Vous pouvez être jeune ou à la retraite, n'avoir aucun diplôme, travailler en tant que salarié à côté, habiter à l'autre bout du monde, être célibataire ou avoir une famille nombreuse, peu importe. La flexibilité de l'e-commerce permet à tout le monde de se lancer, quelle que soit sa situation personnelle ou géographique.

La méthode, que je vous dévoile ici, pour gagner au minimum 3 500 € net par mois, s'organise autour de quatre étapes, chronologiques.

Elle a été testée et optimisée depuis des années, tout d'abord par Adam et moi sur nos propres boutiques e-commerce (12 millions de chiffre d'affaires), puis depuis 2018 par nos élèves en coaching et membres du programme d'accompagnement *Enfin Libre*. Voici quelques résultats de ces membres :

<u>Voici les 4 étapes de la méthode :</u>

★ **<u>Étape #1</u> : Ouvrir une boutique e-commerce, sans stock, sans inventaire et sans même toucher les produits.**

Vous allez découvrir la nouvelle opportunité du e-commerce qui vous permet d'ouvrir une boutique : sans stock ni entrepôt et sans même toucher les produits. Ça a été une véritable révélation pour moi et je suis certain que vous ressentirez la même chose.

Aujourd'hui, il n'est plus nécessaire de se rattacher à Amazon, d'avoir des connexions ou un entrepôt de stockage pour ouvrir sa propre boutique e-commerce. Nous allons voir dans cette étape à quel point tout cela est accessible à n'importe qui ayant les bonnes informations. La bonne nouvelle, c'est que vous en faites partie !

Dans cette partie, je vais vous présenter l'outil révolutionnaire inconnu du grand public qui permet d'avoir une boutique e-commerce en quelques heures seulement, sans connaissances en informatique. Vous allez apprendre comment ouvrir vous aussi votre propre boutique e-commerce — celle qui se démarquera de la concurrence et dont vous serez le seul propriétaire — et comment encaisser vos premiers revenus.

À la fin de cette première étape, vous serez en possession d'une véritable boutique e-commerce de marque qui vous appartiendra. Vous aurez votre propre site Internet professionnel prêt à recevoir ses premiers visiteurs et surtout prêt à enregistrer ses premières commandes, pour des revenus qui iront directement dans votre poche !

★ **Étape #2 :** **Trouvez facilement les meilleurs produits à vendre sur votre boutique SANS parler à des fournisseurs ni faire de l'import-export.**

Le but de toute entreprise, c'est de maximiser ses profits. En e-commerce, une boutique rentable passe surtout par la nature et la qualité des produits sélectionnés, puis par la marque (que nous verrons dans l'Étape #3). Pourquoi un produit va-t-il (beaucoup) mieux se vendre qu'un autre ? Quels sont les points communs de ces produits qui cartonnent ? Et comment les trouver ?

Dans cette deuxième étape, je vais tout vous expliquer de A à Z. Je vais vous révéler ici les secrets des produits qui rapportent le plus de profits. Ces produits qui vont faire revenir encore et encore vos clients sur votre boutique, sans aucune action de votre part.

Vous allez aussi découvrir ma méthode « P&P » pour trouver facilement des fournisseurs qui connaissent cette nouvelle opportunité et faire en sorte qu'ils s'occupent de TOUTE la partie logistique pour vous SANS avancer aucuns frais.

À la fin de cette deuxième étape, vous saurez ce qu'est un produit gagnant, quels sont ses critères et de quelle façon le dénicher. Vous aurez déjà une liste de produits à ajouter directement sur votre boutique, qui attirera vos clients et les fera revenir.

★ **Étape #3** : **Attirer des visiteurs sur votre boutique et générer des ventes tous les jours**

Aujourd'hui, les gens veulent acheter leurs produits auprès de marques. Ils veulent vivre une expérience d'achat et faire partie d'une communauté qui partage leur passion. Ils sont prêts à y mettre le prix si nécessaire.

Dans cette étape, nous allons voir comment vous pouvez vous aussi créer une marque professionnelle depuis chez vous grâce à un tout nouveau concept qui vous permet d'avoir votre propre packaging, votre logo, votre marque sur tous vos produits. Et cela directement envoyé à vos clients SANS avancer aucuns frais.

À la fin de cette Étape #3, vous allez être en mesure de doubler vos marges sur vos produits et de vous créer une véritable image de marque professionnelle ; vos clients verront votre boutique comme une entreprise établie, avec ses propres bureaux et entrepôts.

★ **Étape #4** : **Automatiser votre boutique pour générer des ventes 24 h/24 et 7 j/7 SANS devoir être devant votre écran.**

Le but est d'avoir le temps de dépenser l'argent que vous gagnez, n'est-ce pas ? Pas de rester toutes vos journées devant votre écran à gérer votre boutique, regardant avec désespoir les heures défiler en vous demandant quand vous allez pouvoir trouver du temps pour vous.

Dans cette quatrième et dernière étape, nous verrons comment mettre en place un système de vente qui gérera (presque) tout à votre place, afin de vous libérer. Je vais vous montrer comment gagner de l'argent même en dormant, en automatisant votre boutique.

À la fin de cette étape, vous serez prêt à vous envoler pour la liberté financière et temporelle. À vous la nouvelle vie !

Vous pouvez totalement démarrer votre activité en e-commerce et gagner de l'argent avec ce livre grâce à la méthode qu'il renferme.

Alors, suivez-moi dans votre nouvelle aventure !

ÉTAPE #1 :

OUVRIR UNE BOUTIQUE E-COMMERCE, SANS STOCK, SANS INVENTAIRE ET SANS TOUCHER LES PRODUITS

LA NOUVELLE OPPORTUNITE DE L'E-COMMERCE

Lorsqu'on pense à l'e-commerce, on s'imagine tout de suite une grosse marque établie avec des bureaux, des centaines voire des milliers de produits en stock, un entrepôt immense pour tout stocker, des employés pour faire fructifier la machine, etc.

C'était absolument vrai il y a quelques années encore, mais aujourd'hui, il existe une nouvelle façon de faire de l'e-commerce...

Cette nouvelle façon, c'est le « dropshipping » :

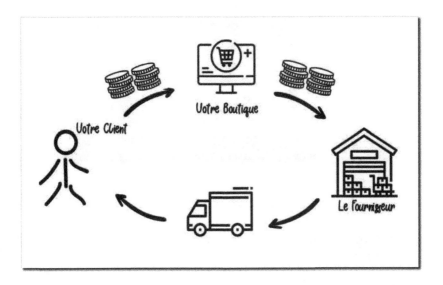

Le dropshipping est une forme d'e-commerce, une variante de celui-ci dans laquelle vous (le vendeur) n'avez pas besoin d'acheter de stock à l'avance. Vous encaissez d'abord la vente sur votre boutique et vous utilisez ensuite l'argent de cette vente pour acheter les produits auprès d'un fournisseur spécialisé, qui va se charger de l'envoi des commandes directement chez vos clients.

Laissez-moi vous donner un exemple simple :

→ **Vous avez une boutique e-commerce que nous allons appeler « www.leschats.fr »** (nous allons voir ensemble juste après dans la pratique comment construire sa boutique).

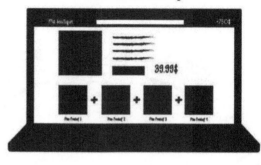

→ **Sur cette boutique vous avez décidé de mettre en ligne un jouet pour chat au prix de 24,90 €** (vous fixez les prix de votre choix).

Vous n'avez pas le jouet en main propre, vous ne l'avez jamais vu, jamais touché : sur votre site, il s'agit seulement d'images et d'une description de ce jouet (récupérées auprès de notre fournisseur spécialisé cf. Étape #2 de la méthode) ; en soi, votre boutique est une « vitrine ».

un jouet pour chat au prix de 24.90€

→ Un visiteur, que nous allons appeler Sarah, arrive sur votre boutique. Sarah décide de commander votre jouet pour chat pour 24,90 €. Le procédé de commande est tout ce qu'il y a de plus classique pour un achat en ligne, sauf que cette fois-ci, vous êtes le vendeur.

Vous encaissez donc la somme de la commande (24,90 €) sur votre compte bancaire, il s'agit maintenant de votre argent.

Il vous suffit ensuite d'utiliser une partie cet argent pour vous acquitter de cette commande auprès de votre fournisseur, au prix grossiste, disons de 2,90 €.

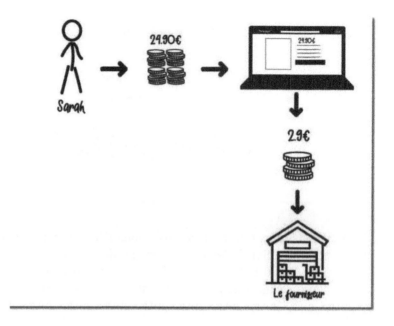

→ **C'est maintenant ce fournisseur qui va se charger de toute la partie logistique** et assurer la livraison à votre client, selon vos consignes et vos conditions de livraison convenues au préalable, avec votre logo, etc. sans que Sarah ait connaissance de l'existence de ce fournisseur intermédiaire.

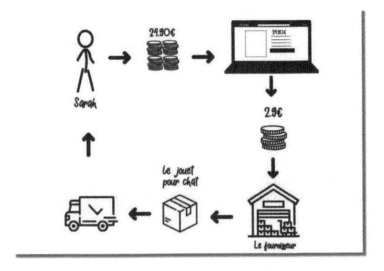

→ Sarah a commandé un jouet pour chat sur votre boutique www.leschats.fr et elle a reçu un jouet pour chat chez elle directement. Elle a passé un achat e-commerce classique.

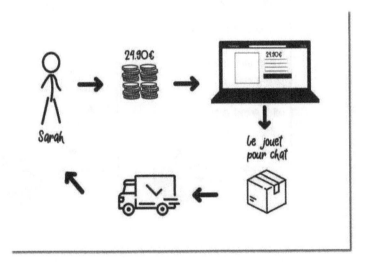

→ De votre côté, vous avez vendu un produit à 24,90 € du catalogue de votre fournisseur, qui vous a coûté 2,90 €.

Vous avez donc réalisé 22 € de bénéfices sur cette vente, sans même avoir touché le produit. Il suffit de vendre 2 jouets à ce prix par jour, pour faire 44 €/jour soit pratiquement un SMIC net par mois !

Vous n'avez donc à aucun moment risqué votre propre capital ! Vous n'avez pas avancé de stock de produits et pris le risque qu'il ne se vende pas, de même que vous n'avez pas loué d'espace de stockage, ni rémunéré des salariés, ou autre…

Le dropshipping vous donne le contrôle total de vos finances, et vous permet d'utiliser la trésorerie générée par vos ventes et uniquement vos ventes ; ainsi, vous n'êtes jamais en situation de dettes.

Voici un tableau résumé comparatif de l'e-commerce vs dropshipping :

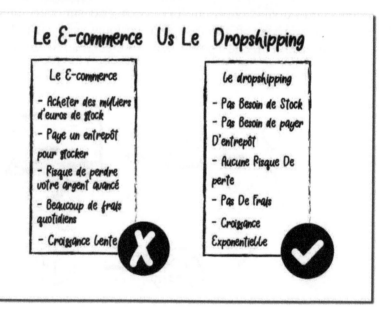

Vous rendez-vous compte de la puissance du dropshipping ? Et ce n'est que le début…

POURQUOI LE DROPSHIPPING EST LE MEILLEUR BUSINESS POUR DEBUTER

Selon mon expérience, le dropshipping est le business PARFAIT pour débuter en tant qu'indépendant, tous business confondus :

★ **Un catalogue de produits infini :**

Vous pouvez vendre absolument tous les produits possibles et imaginables, et cela DEPUIS CHEZ VOUS sans avoir à les stocker ; le monde devient littéralement votre inventaire. Il vous suffit d'un ordinateur et d'une connexion Internet.

Vous voulez vendre des produits pour les chats ? Les chiens ? De jardinage ? De beauté ? De sport ? Vos propres produits ? Des produits locaux ? Des produits d'un ami ? Vous POUVEZ le faire ! Vous êtes totalement maître de votre boutique et de ce que vous y vendez et nous allons voir dans les parties suivantes, les meilleurs produits à vendre sur votre boutique.

★ Un marché de vente international

Comme vous n'avez pas besoin de rencontrer physiquement les fournisseurs, vous pouvez vendre vos produits dans le (ou les) pays de votre choix. Tout se passe en ligne : que ce soit pour choisir vos produits, négocier un prix d'achat, faire envoyer les commandes... Vous n'avez aucun besoin de vous déplacer.

Vous pouvez très bien vivre en France, avoir une boutique qui vend aux États-Unis et un fournisseur en Chine, ou bien vivre au Canada, avoir un fournisseur en Allemagne et vendre en Angleterre, il n'y a pas de règles (bien que nous verrons ensemble les meilleurs pays où vendre lorsque l'on débute).

À titre d'exemple, j'ai aujourd'hui plusieurs boutiques sur différents continents : France, Angleterre, États-Unis, Australie et même une boutique qui vend dans le monde entier ! Et tout cela géré depuis chez moi ! C'est la magie du dropshipping.

★ **Un business 100 % en ligne libéré des contraintes classiques**

Nous avons vu précédemment les avantages du dropshipping par rapport à l'e-commerce classique. En plus de cela, 2020 a révélé au grand jour le point faible des business physiques, contraints de fermer contre leur gré alors qu'au même moment, libres de toute contrainte, les ventes en e-commerce explosaient.

C'est comme si vous aviez une boutique physique et que du jour au lendemain, 100 fois plus de piétons passaient devant votre boutique. Forcément, vous faites plus de ventes. Mieux encore, de nombreuses personnes qui n'avaient pas encore franchi le pas de commander sur Internet se sont lancées à ce moment-là et ont fait leurs premiers achats en ligne. Sans rien faire, les ventes à cette période ont doublées, voire triplées. Vous avez vu les chiffres. Les gens se sont rendu compte de ce qui est pour moi une évidence depuis ma rencontre avec le dropshipping : l'avenir est en ligne.

Aujourd'hui tout le monde est scotché à son écran de téléphone : à la maison, au bureau, à la pause, dans les transports, au lit, au réveil, pendant les repas, entre amis, en famille... Ce qui est une très bonne nouvelle pour nous autres, e-commerçants.

Les gens achètent par ennui, par besoin, par passion ou parce qu'ils ne peuvent pas obtenir ce qu'ils recherchent ailleurs. Le gâteau du e-commerce est énorme et ne fait que grossir, et le dropshipping nous permet de nous asseoir à la table pour prendre notre part.

★ **Une croissance exponentielle inégalée**

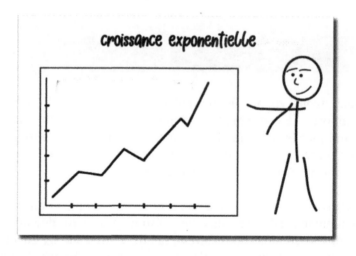

Avec le dropshipping vous êtes libéré des contraintes de l'e-commerce classique (stock, entrepôt, risques, salariés, frais, etc.), vous réalisez donc une marge nette plus importante. Ajoutez à cela le fait que vous n'avez pas besoin d'attendre que votre prochain stock de produits arrive à l'entrepôt pour commencer à vendre et vous obtenez le combo parfait pour offrir une croissance exponentielle à votre business !

Il n'est pas rare de passer de 1 500 € par mois à 3 500 – 4 500 € par mois (voir plus) d'un mois à l'autre (avec les **bonnes méthodes).** Il suffit qu'un nouveau produit décolle sur votre boutique. Vous pouvez aussi avoir une boutique en France qui génère 1 500 € par mois, rien ne vous empêche de la traduire et de vendre vos produits sur un autre marché et vous gagnez maintenant 3 000 € par mois ! Et cela depuis chez vous, sans avoir changé quoi que soit, vous faites toujours du dropshipping.

C'est complètement inimaginable avec d'autres business models, il vous faudrait ouvrir des bureaux, entrepôts, stocks dans le pays en question ! C'est là encore la puissance du dropshipping.

★ **Une école de l'indépendance financière**

Comme nous déléguons la totalité de la partie logistique, nous pouvons nous concentrer sur le marketing de notre boutique. Et le marketing est une compétence clé dans le monde d'aujourd'hui : TOUT est vente ! Que ce soit un achat effectué avec de l'argent, du temps ou même de la santé...

En vendant des produits physiques sur votre boutique en dropshipping, vous allez maîtriser les concepts fondamentaux et les codes actuels de la vente. Rien ne vous empêche de les utiliser dans d'autres aspects de votre quotidien, de votre travail, voire d'autres business futurs. Vous aurez entre vos mains quelque chose que personne ne peut vous enlever : vos compétences. Ce sont elles qui vous apportent une véritable sérénité financière.

Si demain je venais à tout perdre : argent, boutique, site, employés, je serais toujours capable de subvenir à mes besoins, car j'ai acquis des compétences précieuses qui valent de l'or ; et c'est exactement ce que vous êtes en train d'acquérir en lisant ces lignes.

Voici un tableau comparatif résumé du dropshipping vs les business classiques :

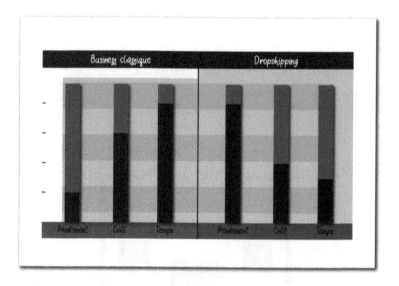

Vous comprenez pourquoi le dropshipping est la MEILLEURE FAÇON de devenir facilement libre financièrement ?

Il suffit d'une seule boutique pour devenir libre. Il n'existe aucun business au monde qui génère autant de bénéfices aussi rapidement que le dropshipping.

Imaginez-vous, chez vous, ou au bord d'une piscine, ou devant une belle montagne, à encaisser simplement vos ventes sur votre boutique, sans avoir de patron qui vous dit : « hé ho, la pause est finie ! ».

Vous allez me dire : si c'était aussi simple, tout le monde créerait sa boutique et gagnerait des millions !

Ce n'est pas parce que quelque chose est simple que tout le monde ose se lancer pour autant. Simple ne veut pas dire forcément facile ou sans effort. Le dropshipping n'est pas compliqué à comprendre, mais cela demande de connaître la bonne façon de faire, et d'avoir quelqu'un d'expérimenté pour vous aider à mettre toutes ces connaissances en place. Mais croyez-moi, vous gagnerez plus rapidement de l'argent avec le dropshipping (en suivant la bonne méthode) qu'au bout de 20 ou 30 ans de salariat.

Maintenant, si vous voulez gagner des millions comme nous aujourd'hui, cela demande du travail et de la constance. Je ne vais pas vous mentir et vous donner de faux espoirs, ce ne serait pas honnête de ma part.

Mais si vous voulez simplement gagner plus, générer 2 000 € à 3 000 € par mois avec votre boutique, c'est tout à fait possible en peu de temps ! Rappelez-vous les témoignages de la première partie, des personnes qui ont déjà suivi la méthode *Enfin Libre* !

Passons maintenant à la création de votre propre boutique e-commerce...

CREATION DE VOTRE BOUTIQUE E-COMMERCE

Nous avons vu le concept révolutionnaire du dropshipping, et comment tout le monde peut avoir une boutique et faire des ventes partout dans le monde, nous allons maintenant passer à la création de votre propre boutique !

1. SHOPIFY : LA PLATEFORME REVOLUTIONNAIRE

Il y a seulement quelques années de cela, avoir une boutique en ligne était réservé aux grandes entreprises. Cela demandait beaucoup d'investissement de départ : il fallait faire appel à un développeur pour créer son site, acheter des serveurs, engager un expert pour sécuriser le site, convaincre sa banque d'encaisser les paiements... sans compter les appels au développeur dès qu'on souhaitait effectuer une modification sur le site.

Tout a changé en 2006 avec l'apparition de la plateforme canadienne Shopify. Aujourd'hui Shopify est LA plateforme de référence en e-commerce qui permet aux particuliers d'avoir leur propre boutique e-commerce.

Fin 2020, Shopify est une entreprise cotée en bourse avec une valorisation estimée à plus de 170 milliards de dollars, un chiffre d'affaires de 2 929,5 millions de dollars, avec une croissance de 86 % !

Ce qui fait le succès de Shopify c'est son accessibilité : une boutique se crée en quelques minutes montre en main ; et ce, sans taper la moindre ligne de code. Shopify se charge des serveurs, de la sécurité de l'encaissement, de la construction complète du site en interne, du bon fonctionnement global, etc.

Shopify nous offre aussi la liberté de customiser notre site, tout est entièrement personnalisable de manière simple sous forme de bloc : c'est vous qui choisissez le design (via des thèmes préconfigurés proposés par Shopify), le nom des rubriques, la manière de présenter un produit, etc. Vous êtes le seul maître à bord ! Vous avez le champ libre et le total contrôle sur l'orientation de votre boutique.

La responsable française de Shopify, Émilie Benoit le dit clairement : « la mission de Shopify est d'aider les entrepreneurs à rivaliser avec les grandes plateformes du e-commerce. Car comment un petit marchand peut-il rivaliser techniquement avec les développeurs d'Amazon ? ».

Shopify est totalement du côté des dropshippers et cela a tellement bien fonctionné pour nous que certaines grandes marques comme Red Bull, Gymshark, Kylie Cosmetics ont aussi migré vers Shopify pour leur boutique en ligne ! Je suis sûr que vous avez déjà commandé un article sur Internet en passant par cette plateforme, sans le savoir. C'est normal, elle travaille en arrière-plan.

Comment créer votre boutique avec Shopify ?

La création de votre boutique s'effectue en quelques clics directement depuis votre navigateur Internet classique, vous n'avez pas de logiciel à installer sur votre ordinateur, vous pouvez accéder à votre boutique partout dans le monde dès que vous avez une connexion Internet.

> ★ **Pour vous guider de la meilleure des manières possibles, je vous ai préparé votre 1ᵉ BONUS OFFERT en vidéo :** www.saadben.com/boutique

Il s'agit d'une série de courtes vidéos pratiques qui vont vous expliquer clic par clic comment créer et configurer votre boutique de la meilleure manière possible. Vous allez découvrir mes configurations personnelles, que j'utilise sur mes propres boutiques ! Il vous suffit de les reproduire clic après clic en suivant les vidéos ! C'est cadeau. ;)

De plus, vous allez bénéficier automatiquement d'une période d'essai prolongé à Shopify (qui peut varier suivant les offres en cours Shopify), allant parfois jusqu'à 90 jours, via mon lien spécial !

En résumé dans ce 1ᵉʳ BONUS OFFERT vous allez recevoir en vidéo :

→ Ma méthode complète de configuration de boutique professionnelle.

→ Comment créer un compte Shopify facilement.

→ Quel meilleur thème choisir pour votre boutique.

→ Comment configurer les paramètres de votre boutique de manière professionnelle.

→ Comment configurer les méthodes de livraison pour augmenter vos bénéfices.

→ Comment avoir toutes les pages légales et obligatoires sur votre boutique (+ PDF).

→ Bénéficier d'une période d'essai prolongée allant jusqu'à 90 jours.

→ Pleins d'autres cadeaux surprises :)

Pas mal non ? Il est temps de se lancer, qu'en pensez-vous ? Rendez-vous sur ce lien pour débloquer votre 1ᵉʳ BONUS et commencer la création de votre boutique :

www.saadben.com/boutique.

2. LE MEILLEUR TYPE DE BOUTIQUE E-COMMERCE POUR REUSSIR

Maintenant que nous avons l'outil parfait pour construire votre boutique e-commerce, nous allons choisir le type de boutique que vous allez créer.

Il existe trois types de boutiques en dropshipping : la boutique généraliste, la boutique monoproduit et la boutique de niche. Je vais vous donner pour chacune d'elles leurs avantages et leurs inconvénients.

D'ici la fin de cette sous-partie, vous allez connaître le meilleur type de boutique et sur quelle thématique vous lancer.

A. La boutique généraliste

Elle regroupe tous types de produits, comme Amazon ou C-Discount par exemple. Toutes les catégories sont mélangées sur la page d'accueil, il y a une grosse quantité de produits et en tant que visiteur, vous devez mettre en place des filtres pour trouver ce que vous cherchez.

Ces boutiques sont géantes et gèrent des milliers de références. Elles vont principalement attirer des clients qui cherchent « la bonne affaire », le prix le moins cher possible et qui sont prêt à passer 4 h de recherche un dimanche après-midi pour une économie de 1,50 €...

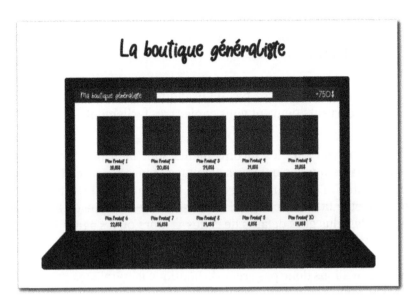

Je pense que vous l'avez déjà deviné, nous n'allons pas nous orienter vers ce type de boutique. Mais voyons tout de même les avantages & inconvénients en détail :

Les avantages d'une boutique généraliste :

- La boutique généraliste offre une grande flexibilité : on peut surfer sur les tendances, quelle que soit la thématique de ce produit. Si un produit est populaire, on l'ajoute sur notre site pour tenter de profiter de cette vague.

Les inconvénients d'une boutique généraliste :

- Cela demande d'effectuer un gros travail d'organisation du site pour offrir une expérience utilisateur claire et intuitive.

- Les clients types de ces sites sont toujours à la recherche du prix le moins cher. Ce qui ne serait pas à notre avantage, nous ne voulons pas être les « moins chers » du marché.

- Cela nécessite une veille et une recherche constante des nouvelles tendances. Il faut être opérationnel dès le début de la vague pour ne pas se faire manger par la concurrence.

- Il est très difficile de construire une image de marque et de fidéliser les clients. C'est d'ailleurs le gros point noir des boutiques généralistes.

- Comme vous n'avez pas de branding ni de ciblage précis, les concurrents peuvent vous copier très facilement.

On peut voir que les inconvénients sont bien plus présents et handicapants que les quelques avantages fournis par les boutiques généralistes. Tout particulièrement la création d'une image de marque et la fidélisation quasi impossible avec ce type de boutique. Ce sont les plus gros défauts de celles-ci alors qu'il s'agit d'éléments clés dans la réussite d'un business en e-commerce.

Nous n'allons donc pas créer de boutique généraliste.

B. La boutique monoproduit

La boutique monoproduit est l'opposé de la boutique généraliste : elle ne vend qu'un seul et unique produit sur tout le site, potentiellement déclinable sous différentes couleurs. C'est un type de boutique un peu plus populaire qui offre également des avantages et inconvénients qui lui sont propres.

Les avantages d'une boutique monoproduit :

- La boutique monoproduit est simple à construire, car tout est centré sur un unique produit.

- La simplicité du site permet une très bonne expérience utilisateur lors de sa navigation.

- L'image de marque est potentiellement très forte, car cela renvoie une image d'expert dans un domaine bien précis. Il est donc plus facile de vendre et ce à un prix plus élevé.

- Le potentiel de création d'une marque e-commerce durable est très présent (branding, packaging, stock, etc.).

Les inconvénients d'une boutique monoproduit :

- Il faut un site entier par produit, ce qui demande une énorme charge de travail et de mise en place à chaque nouveau produit que l'on veut lancer ou même tester.

- En cas d'erreur sur le choix de notre produit, il faudra tout reprendre de zéro. Nouveau site, nouveau nom, nouveau logo, etc. Tout le travail est à refaire à chaque lancement.

- En tant qu'entrepreneur, l'engagement émotionnel est très fort, car on passe énormément de temps à peaufiner ce genre de site. Un véritable danger, car il faut savoir se détacher rapidement d'un produit si celui-ci ne fonctionne pas.

- Le catalogue étant réduit au strict minimum, il est très difficile de relancer et fidéliser les clients avec des nouveautés.

La boutique monoproduit offre des avantages indéniables, comparée à la boutique généraliste. Son image de marque forte nous permettant de nous positionner en expert de notre thématique pour gagner la confiance de nos futurs clients, ainsi que son potentiel d'évolution en marque e-commerce sont très attirants.

Cependant sa rigidité nous forçant à reconstruire un site en cas d'erreur sur le choix du produit est un énorme fardeau, notamment lorsque l'on débute. Ajoutons à cela une fidélisation de nos clients compliquée demandant plus de connaissances marketing (étant donné que nous ne pouvons pas simplement proposer d'autres produits à nos clients actuels).

Ce type de boutique est donc plus adapté aux personnes non débutantes, ayant déjà une expérience en dropshipping, et une connaissance préalable de leur thématique.

Nous n'allons donc pas créer de boutique monoproduit pour débuter votre aventure e-commerce. Nous allons plutôt nous orienter vers le 3e type de boutique...

C. La boutique de niche de marque

Il s'agit du meilleur type de boutique en e-commerce, que ce soit pour débutant, intermédiaire ou avancé.

La boutique de niche de marque se situe entre les deux boutiques précédentes. Nous allons nous positionner en tant qu'experts d'une thématique bien précise (une niche) et construire notre marque autour de ce thème, en vendant une multitude de produits répondant à des besoins différents.

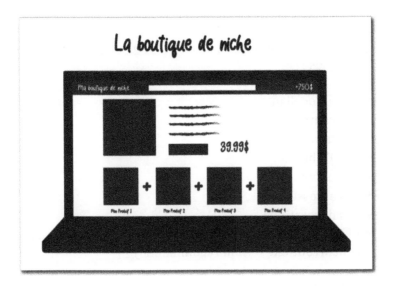

Tout d'abord, définissons clairement le terme « niche » : une niche, ici, c'est un segment (ou sous-segment) d'un marché orienté autour d'un besoin, d'une passion ou d'un univers commun.

Quelques exemples de niche :

→ Les chats.
→ Les chiens.
→ La cuisine.
→ La pâtisserie.
→ Le fitness pour femme.
→ Le bodybuilding (musculation).
→ Le Yoga.
→ Les jouets pour enfants.

L'une des erreurs fréquentes que commettent les débutants lorsqu'ils découvrent le concept de niche, c'est de choisir un type de produit (ex : des cadres, verres, tapis) en tant que niche. Une niche comprend plusieurs types de produits différents : si nous avons une boutique sur la niche des chats, nous allons vendre des cadres de chats, des verres en forme de chats, des tapis de chat, etc.

<u>Quelques exemples de types de produits souvent pris pour des niches</u> :

→ Les autocollants.
→ Les cadres.
→ Les tasses.
→ Les T-shirts.
→ Les bijoux.
→ Les accessoires.
→ Les décorations.
→ Les montres (exception qui peut être une niche, mais très concurrentielle — non recommandé).

Voici un moyen mnémotechnique pour confirmer que vous avez bien trouvé votre niche. Utilisez la phrase : ma boutique vend des produits pour/de/sur [niche].

<u>Exemple :</u>

• Ma boutique vend des produits pour chat. → OK.
• Ma boutique vend des produits de fitness aux femmes.→ OK.
• Ma boutique vend des produits sur les tasses → Non.

Cela ne marche pas forcément à 100 %, mais avec les exemples cités et les définitions, vous avez compris l'idée.

Maintenant que vous savez ce qu'est une boutique de niche de marque, voyons ensemble ses avantages et inconvénients.

Les avantages d'une boutique de niche de marque :

• **Un positionnement en tant qu'expert sur votre marché :** La boutique de niche vous permet de créer un univers tout entier autour de votre niche, une identité, le sentiment qu'on a affaire à une vraie marque. Les gens aiment s'attacher aux marques, ils veulent appartenir à un groupe, à un mouvement.

Regardez Apple : techniquement, les produits ne sont pas toujours meilleurs que ceux de la concurrence, mais ils dégagent un sentiment d'appartenance à un groupe spécial. Un sentiment d'exclusivité trouvable nulle part ailleurs. C'est ce genre de plus-value que nous recherchons. Dans ce modèle de business, nos clients cibles ne seront pas du tout les mêmes que ceux d'une boutique généraliste et **cela va nous permettre de vendre plus facilement nos produits et à des prix plus élevés.**

- **Une fidélisation ultra puissante :** grâce à notre positionnement et notre catalogue de produits relatif à notre niche, fidéliser nos clients va être plus facile et intéressant qu'avec tout autre type de boutique. Nous allons pouvoir nouer une relation avec nos clients en utilisant leur passion : partager des articles de la niche, des news, des tutoriaux, des images, des vidéos ; et bien entendu proposer de nouveaux produits, des collections et promotions selon les saisons et fêtes.

- **Une solidité et une longévité forte :** nous ne sommes pas à la merci d'une tendance temporelle ni attachés à un unique produit. Pas besoin de courir après les derniers buzz ou de devoir tout recommencer parce que notre monoproduit a fini son cycle de ventes, qu'il est passé de mode. Votre boutique de niche est un acteur ancré dans son marché qui profite d'un catalogue virtuellement infini grâce aux dropshipping, et qui peut s'appuyer sur ses clients actuels et passés afin de générer du chiffre d'affaires.

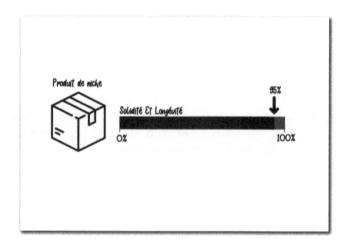

- Le potentiel de **création d'une marque forte en e-commerce** (branding, packaging, stock, etc.) avec une possibilité de revente dans l'avenir.

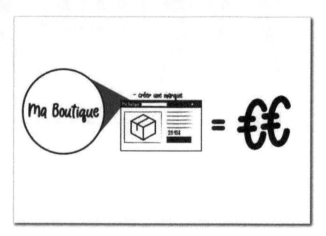

Les inconvénients d'une boutique de niche de marque :

- Il faut trouver une « bonne » niche qui répond à des critères spécifiques (que nous allons voir dans la sous-partie suivante), afin de maximiser le nombre de vos ventes.

Vous l'aurez compris : la boutique de niche de marque est celle qui nous intéresse le plus ici, encore plus lorsque l'on débute. Les avantages qu'elle propose vont vous permettre de construire un business solide, stable sur le long terme, dans le meilleur environnement possible.

Il vous faut maintenant choisir votre niche afin de pouvoir démarrer la construction de votre boutique. Cela tombe bien, il s'agit du sujet la sous-partie suivante...

3. COMMENT TROUVER SA NICHE DE MARQUE

La question que l'on me pose tout le temps : « OK Saad, et du coup c'est quoi la MEILLEURE niche ? ».

Il n'y a pas de « meilleure niche », cela n'existe pas. Et c'est une très bonne nouvelle pour tout le monde. Toutes les niches sont potentiellement rentables, certaines vont être plus simples à lancer, vont demander moins de marketing, un positionnement différent, un nouvel angle, etc.

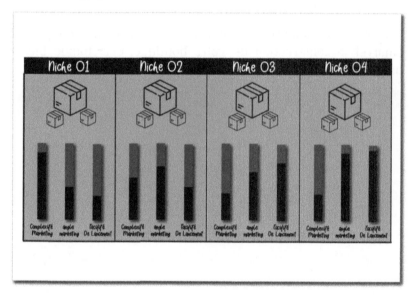

Après des années de recherches et de tests de produits, j'ai identifié certains critères communs que possèdent les niches les plus intéressantes (et potentiellement rentables) à privilégier.

J'ai donc créé une méthode fondée à part entière sur ces critères selon leur importance, et qui fournit un plan d'action clair et précis pour choisir une niche.

Cette méthode inédite, je l'ai appelée la « Méthode PAAVE » :

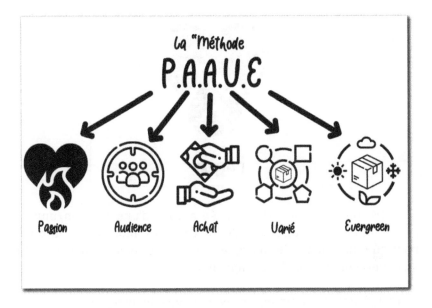

- ★ Passion
- ★ Audience
- ★ Achat
- ★ Varié
- ★ Evergreen

Ce sont les 5 piliers sur lesquels repose la méthode, nous allons les détailler un à un.

→ **Passion**

Votre niche se doit d'être axée autour d'une passion/univers (voire un besoin) clairement défini, car nous allons construire une boutique de niche de marque qui va se positionner en tant qu'expert sur cette niche en question.

Plan d'action : Comment trouver ce type de niche ?

1. Prenez un papier et un stylo (ou Notepad sur votre ordinateur) et listez toutes les idées qui vous viennent à l'esprit. Ne vous bridez pas, listez toutes les niches que vous avez en tête pour construire votre boutique.

2. Vérifiez que ces niches rassemblent une communauté de gens passionnés. Pour cela, faites simplement une recherche sur Google, Facebook, YouTube, les forums, blogs, etc. Trouvez-vous facilement des ressources sur cette niche ? Des groupes Facebook ? Des chaînes YouTube avec de grosses vidéos ? Des forums avec des milliers de membres ? Des magazines spécialisés (en ligne ou en kiosque) ? Voire des émissions télé ?

Les deux derniers éléments (magazines et émissions) sont de très bons indicateurs, cela indique qu'il y a un fort intérêt et surtout une large audience à exploiter. Cela signifie également que des sociétés dépensent de l'argent pour atteindre cette audience et qu'elles en gagnent en retour en y promouvant ces services/produits.

3. Barrez de votre liste les niches sur lesquelles vous n'avez pas trouvé facilement de ressources.

4. Il vous reste donc une liste de niches de passionnés (n'hésitez pas à l'alimenter dès que vous avez de nouvelles idées).

Vous avez validé le premier point de la méthode : « Passion ». Passons au suivant.

→ **Audience**

Audience

L'audience est le terme utilisé ici pour décrire le nombre de personnes dans votre niche. L'une des erreurs fréquentes des débutants est de choisir une niche avec une audience beaucoup trop petite (quelques milliers de personnes seulement).

Par exemple : la niche des fans de peintures mexicaines du XIXe siècle (exemple totalement pris au hasard). Je ne doute pas que cette niche regroupe des gens ultra passionnés, mais la taille de l'audience est si petite que cela rend la tâche beaucoup plus complexe. Surtout que lorsque vous débutez, vous avez beaucoup moins le droit à l'erreur.

A contrario si votre niche a une audience relativement grande, en millions (voire dizaines de millions) de personnes, cela va nous permettre de prendre une place sur le marché et de récupérer une part du gâteau beaucoup plus facilement. Cela offre aussi l'avantage d'avoir davantage le droit à l'erreur.

En effet le public est tellement large, et le choix de produits tellement plus varié, vous avez la possibilité de faire énormément d'essais sans risquer de saturer votre audience (étant donné que ce seront des gens différents qui seront touchés).

<u>Plan d'action : valider la taille de l'audience de votre niche</u>

1. Reprenez votre liste de niches de passionnés établie dans le pilier Passion.

2. Prenez note de la taille des ressources que vous avez trouvées dans votre recherche précédente :

   a. Combien de personnes y a-t-il dans cette niche d'après Google ? Faites une recherche simple du type : « nombre de chats (votre niche) en France ».

   b. Les groupes sur les différents réseaux sociaux (groupes et pages Facebook, comptes Instagram, Tik Tok, Pinterest, etc.) comportent-ils des milliers de membres ?

   c. Quelle est la taille des plus grosses chaînes YouTube sur cette niche ?

   d. Combien de membres y a-t-il sur les plus gros forums de la niche ?

   e. Combien de magazines spécialisés y a-t-il sur cette niche ?

   f. Existe-t-il des émissions télé dédiées à cette niche ?

3. Classez votre liste de niches, de la plus grande audience à la plus petite.

4. Barrez les niches qui sont trop petites (en dessous d'un million de personnes).

Note : avec de l'expérience vous pourrez effectuer le point Audience et Passion en même temps.

Bravo, vous avez validé le deuxième point de la méthode : l'audience. Passons au suivant...

→ **Achat** (pouvoir d'achat)

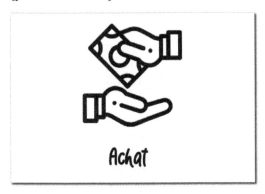

Nous avons une liste de niche de passionnés, qui comporte une audience suffisamment grande pour nous permettre de nous lancer.

Il nous faut maintenant nous assurer que ces personnes ont suffisamment de pouvoir d'achat pour allouer un budget à leur passion, de manière régulière si possible.

En général il s'agit d'une étape simple où nous allons simplement faire preuve de bon sens et éliminer les niches qui s'adressent à un public trop jeune (ex : produit pour adolescent) ou à un public qui ne possède pas un pouvoir d'achat suffisamment fort (nous verrons notamment cela en détail dans la sous-partie suivante : « Comment choisir son pays de vente »).

Nous n'allons pas effectuer de recherche en profondeur sur Google : pour l'avoir fait par le passé, les chiffres ne reflétaient pas la réalité et pouvaient même parfois nous induire en erreur sur une niche donnée.

Plan d'action : s'assurer du pouvoir d'achat de votre audience

1. Enlevez les niches qui s'adressent directement à un public potentiellement trop jeune (si vous n'en avez aucune, c'est OK, pas de problème).

Vous vous êtes maintenant assuré du pouvoir d'achat de votre niche et avez complété le point numéro trois de la méthode. Passons au suivant...

→ **Varié** (un catalogue de produits variés)

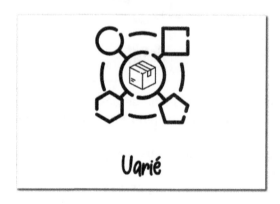

L'un des points clés de la réussite d'une boutique de niche de marque est sa capacité à proposer de nouveaux produits à ses prospects (clients potentiels) et clients actuels.

Plus votre niche aura un catalogue de produits riches et variés, plus il vous sera simple de réaliser des ventes et d'installer votre boutique sur le long terme. Afin de vérifier cela, nous allons nous servir d'une des plus grosses entreprises e-commerce du monde qui a déjà fait le travail pour nous... AliExpress (nous verrons plus en détail son utilisation dans les parties suivantes).

<u>Plan d'action : s'assurer que votre niche possède un catalogue</u>
<u>de produits variés</u>

1. Allez sur AliExpress.fr.

2. Ouvrez la catégorie de votre niche (ou celle qui s'en rapproche le plus).

3. Vérifiez le nombre de produits présents dans cette niche : y a-t-il des dizaines de pages de produits différents ?

4. Barrez de votre liste les niches qui ne possèdent pas de catalogue de produits suffisamment fourni.

Très bien. Passons maintenant au critère suivant, les niches dites « evergreen ».

→ **Evergreen** (impérissable/intemporel)

Pour nous assurer de faire des ventes tous les jours, quelle que soit la période, la saison ou l'année en question, nous allons choisir des niches dites evergreen (impérissables/intemporelles). Ce sont des niches qui se vendent tout au long de l'année de façon constante, sans être impactées par l'été ou l'hiver ou une fête quelconque.

Exemples de niches dites evergreen :

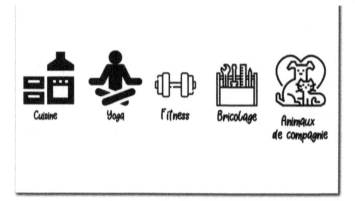

- Cuisine
- Yoga
- Fitness
- Bricolage
- Animaux de compagnie (choisir un animal)

Exemples de niches qui ne sont PAS evergreen :

- Le ski
- Les sports relatifs à l'hiver/l'été
- Le camping (dépend trop du pays où il est pratiqué)
- Toute tendance éphémère (par exemple, les hand-spinners)
- Une boutique sur la Saint Patrick/Noël/etc.

Plan d'action : vérifier que votre niche est bien impérissable

1. Faites le test et posez-vous la question : pouvez-vous vendre vos articles en hiver comme en été ?

2. Barrez les niches qui ne sont pas evergreen (si vous avez un doute, vous pouvez les garder, nous verrons un autre élément plus tard qui va vous aider à faire votre choix).

Vous avez maintenant validé le 5e point de la méthode.

Faisons ensemble un résumé rapide des points de la Méthode « PAAVE » :

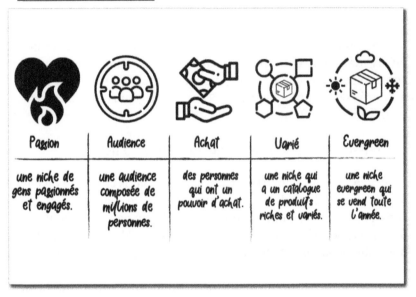

Passion	Audience	Achat	Varié	Evergreen
une niche de gens passionnés et engagés.	une audience composée de millions de personnes.	des personnes qui ont un pouvoir d'achat.	une niche qui a un catalogue de produits riches et variés.	une niche evergreen qui se vend toute l'année.

➜ **Passion :** une niche de gens composée de passionnés et d'engagés.

➜ **Audience :** une audience composée de (dizaines de) millions de personnes.

➜ **Achat :** une audience qui a un pouvoir d'achat effectif.

➜ **Variée :** une niche qui a un catalogue de produits riche et varié.

→ **Evergreen :** une niche qui permet de vendre toute l'année.

Il faut que votre niche valide ces 5 points pour être approuvée par la méthode, ce qui va vous assurer de choisir une niche à très fort potentiel de réussite.

<u>Vous n'avez toujours aucune niche dans votre liste qui valide les 5 points ?</u>

Reprenez l'étape 1 Passion et listez beaucoup plus d'idées, ne vous bridez pas, voyez plus grand. Une astuce peut être de la reprendre une autre fois : faites une pause et réessayez le lendemain, alimentez votre liste d'éléments de votre quotidien, petit à petit.

Vous pouvez aussi vous balader dans votre centre commercial favori, dans votre centre-ville ou sur divers sites en ligne. Vous constaterez que les idées ne manquent pas et que nous sommes entourés de centaines de niches dont vous ignorez encore aujourd'hui l'existence.

<u>Vous avez plusieurs niches qui valident les 5 points ?</u>

Bravo ! Il vous suffit d'en choisir une. Je vous conseille de choisir la niche sur laquelle vous vous sentez le plus à l'aise pour construire une boutique autour. Vous n'avez pas forcément besoin d'être passionné par elle, même si cela aide. Mais étant donné que nous allons passer des heures dessus autant que cela soit agréable.

Arrivé à cette étape, vous devez aussi être en mesure d'expliquer à un enfant de 8 ans et en seulement deux phrases simples : ce que vous vendez, à qui vous le vendez et pourquoi vous le vendez.

Exemple : « Ma boutique Jouets Malin vend des jouets éducatifs pour les enfants de 2 à 6 ans, pour leur permettre d'apprendre et de s'éveiller tout en s'amusant. »

Voilà qui conclut cette partie sur la recherche de niche. Voyons maintenant dans quel pays vous allez lancer votre toute nouvelle boutique de niche de marque...

4. CHOISIR SON PAYS DE VENTE (SON MARCHE)

Un marché en dropshipping, c'est un pays ou une région où vous allez vendre vos produits. La beauté du dropshipping, c'est que cela vous permet de vendre sur n'importe quel marché dans le monde, sans avoir à bouger de chez nous, et ce peu importe votre pays de résidence.

Vous pouvez très bien vendre en France en habitant au Canada, vendre aux USA en habitant en France, vendre en Australie en habitant en Afrique. PEU IMPORTE votre situation, le dropshipping vous permet de vendre là où vous le souhaitez !

J'insiste un peu sur ce point, car c'est l'une des questions les plus fréquentes que je reçois :

« J'habite en Belgique / Suisse / Afrique / Asie/ sur la Lune, est-ce que ça peut marcher pour moi ? »

La réponse est oui ! :)

Encore mieux : toutes les méthodes de ce livre s'appliquent de la même manière, quel que soit votre pays de résidence ou marché de vente.

Autre point très important : lorsque vous débutez, ne choisissez qu'un seul marché (pays), c'est l'une des erreurs les plus fréquentes que je vois. La personne se dit : « si je vends partout, je ferai forcément plus de ventes. » Ce n'est pas aussi simple que cela, vendre sur plusieurs marchés en même temps avec une seule boutique offre quelques challenges qu'il est inutile de s'imposer lorsque l'on débute (langue, livraison, paiement, culture, mode de consommation, etc.). Nous n'allons donc choisir qu'un seul et unique marché de vente pour notre boutique.

Comment choisir le marché sur lequel lancer sa boutique ?

Nous pourrions écrire un chapitre entier sur le choix d'un marché mais, selon moi, un marché se doit d'avoir deux critères principaux pour pouvoir s'y lancer (notamment lorsque l'on débute) :

→ La **taille** du marché.

→ L'accès au **moyen de paiement par cartes bancaires**/le pouvoir d'achat du marché.

La taille du marché

Votre marché doit se composer de dizaines de millions de personnes au minimum, car nous allons réduire cette taille en ciblant les gens de notre niche choisie. Vous devez choisir un marché suffisamment grand pour que votre niche soit composée de millions de personnes.

Exemples d'un marché trop petit : le Luxembourg, la Suisse, la Belgique francophone.

Le pouvoir d'achat du marché

Les cartes bancaires doivent être répandues et couramment utilisées sur votre marché. Le but étant qu'il soit simple d'effectuer des achats sur Internet, mais aussi d'assurer les encaissements des paiements de manière la plus simple et fluide possible (il existe d'autres moyens de cibler des pays n'ayant pas encore énormément de cartes bancaires, mais ce sont des méthodes plus avancées).

Exemple de marché difficilement accessible : l'Afrique.

<u>Pour faire court : voici les deux meilleurs marchés pour se lancer lorsque vous débutez</u>

- La **France**.
- L'**Angleterre** (United Kingdom*).*

Cela est valable quel que soit votre emplacement personnel. Il s'agit de deux des plus gros marchés e-commerce d'Europe en termes de ventes, mais aussi de deux langues parmi les plus parlées au monde. L'e-commerce est un mode de consommation bien ancré dans ces cultures et les consommateurs ont l'habitude d'effectuer leurs achats avec des modes de paiement répandus (cartes bancaires, Visa, Mastercard et PayPal).

<u>Comment choisir entre ces 2 marchés ?</u>

Tout d'abord selon la langue que vous parlez : si vous parlez seulement le français, lancez-vous sur le marché français, tout simplement.

Si vous parlez l'anglais (de manière suffisante pour créer une boutique, des fiches-produits, assurer un support client), le marché anglais peut être intéressant.

Il n'y a pas de différence majeure entre ces deux marchés, vous pouvez réussir sur les deux marchés en tant que débutant, en appliquant les méthodes de ce livre de la même façon.

Pourquoi ne pas cibler les USA ou le Canada ?

Peut-être que vous vous posez cette question : qu'en est-il des USA, le plus gros marché de consommateurs au monde ? Ou bien le Canada, dont une partie de la population parle le français ?

Je déconseille fortement aux personnes qui débutent de se lancer sur l'un de ces marchés (même si vous y résidez) :

→ Les USA sont très compétitifs et il est globalement plus difficile de s'y imposer avec sa première boutique. Cela implique également de devoir créer une entreprise aux États-Unis, ce qui peut être un peu compliqué pour un débutant.

→ Étant donné sa situation géographique, le Canada souffre malheureusement de délais de livraison très variables et assez longs de manière générale. Il vous faut aussi choisir une langue à cibler (anglais ou français) et la taille du marché devient alors bien plus restreinte. Ajoutez à cela le fait qu'il s'agit du second marché sur lequel se lancent les grosses boutiques des USA et vous vous retrouvez avec un environnement plutôt difficile à aborder.

Choisissez l'un des deux marchés que je vous ai proposés, il s'agit d'un constat après des années d'e-commerce et des milliers de personnes accompagnées dans la création de leur boutique. Vous pouvez me faire confiance.

Bravo ! Vous avez sélectionné votre marché et venez de compléter l'Étape #1 de la méthode.

Voyons en détail ce que nous avons et votre plan d'action pour cette étape.

★ Ce que vous avez appris dans l'Étape #1 :

Avec cette première étape, vous avez déjà appris énormément de choses :

★ **La nouvelle opportunité de l'e-commerce :** la révolution du dropshipping, qui permet à tout le monde de créer une boutique e-commerce depuis chez soi sans même toucher les produits.

★ **Pourquoi le dropshipping est LE meilleur business pour débuter :** les avantages indéniables qu'offre le dropshipping sont clairs ! Son catalogue infini de produits, la possibilité de vendre partout dans le monde 100 % en ligne sans les contraintes de l'e-commerce... Ajoutez à cela une croissance exponentielle inégalée et la meilleure école de l'indépendance financière.

★ **Comment créer votre propre boutique e-commerce** grâce à la plateforme révolutionnaire Shopify et ses boutiques préconfigurées accessibles en quelques clics (+ le 1er BONUS : une série de vidéos qui vous dévoile clic par clic la procédure à suivre pour créer votre boutique avec les meilleurs paramétrages).

★ **Le meilleur type de boutique e-commerce pour réussir :** la boutique de niche de marque qui va vous permettre de vous positionner en tant qu'expert sur votre niche et de fidéliser vos clients sur le long terme, vous assurant des revenus constants.

★ **Comment trouver sa niche de marque et son marché de vente :** ma méthode P.A.A.V.E pour trouver votre future niche rentable et lancer votre boutique sur l'un des deux meilleurs marchés pour débuter, la France ou l'Angleterre.

PLAN D'ACTION DE L'ÉTAPE #1

Voici le plan d'action détaillé à mettre en place pour l'Étape #1 de la méthode :

1. **Lisez** entièrement l'étape sans sauter de sections.

2. **Débloquez** votre bonus offert ICI : **www.saadben.com/boutique**.

3. **Créez** votre boutique en suivant les vidéos bonus.

4. **Choisissez** une **niche** de marque en suivant la méthode P.A.A.V.E.

5. **Choisissez** l'un des deux **marchés** présentés pour votre boutique.

Aller plus loin, plus vite, ensemble :

Avec cette Étape #1, il vous est tout à fait possible de créer de A à Z votre boutique e-commerce rentable en suivant les vidéos et en y mettant de votre temps.

Mais si jamais vous souhaitez économiser du temps et être encadré par des professionnels, mon équipe propose aux lecteurs de ce livre de construire leur boutique en exclusivité. Bien sûr, il s'agit d'un service optionnel et facturé, et sous réserve des places disponibles.

Via cette offre, **l'équipe *Enfin Libre* vous réalise de A à Z une boutique e-commerce professionnelle clé en main**. Chaque boutique sera unique et personnelle et comprendra :

★ Le **thème** de boutique que nous utilisons personnellement (d'une valeur de 180 €).
★ Tous les **paramètres** et **optimisations** de ce thème, réalisés par notre équipe.

★ Le **branding** et l'**image de marque** de la boutique : TOUT — Logo, bannière, couleur...

★ La configuration des **emails** automatiques de la boutique.

★ L'**installation** des **applications** que nous utilisons pour augmenter nos ventes.

★ La recherche et la mise en place de **5 produits** dans votre niche.

★ Les **fiches produits** et **offres marketing** de ces produits.

➔ **Pour vérifier s'il reste des places disponibles, obtenir votre boutique réalisée par des professionnels et prête à générer des ventes au plus vite...**

Rendez-vous ICI :
www.saadben.com/shop

ÉTAPE #2 :

TROUVER FACILEMENT LES MEILLEURS PRODUITS A VENDRE SUR SA BOUTIQUE SANS PARLER AUX FOURNISSEURS

Étape # 2

Les meilleurs types de produits à vendre

Bravo ! Vous avez déjà bien progressé ! Vous avez créé votre propre boutique et vous allez bientôt y ajouter des produits de votre niche, celle que vous avez choisie en suivant ce que vous avez appris à l'Étape #1. Bientôt les ventes, bientôt les revenus !

Maintenant, vous vous posez sûrement la question : comment sélectionner les meilleurs produits, rentables et qui se vendent facilement ?

1. IL SUFFIT D'UN SEUL PRODUIT POUR DECOLLER

Adan — Élève *Enfin Libre* ayant réalisé 1 million d'euros de CA

« Il suffit d'un produit en fait. Et c'est exponentiel. Plus vous apprenez, plus vous montez en compétence ; et à un moment, vous passez de 100 € par jour à 2 000 €/jour. Et si vous continuez, vous pouvez monter même à 20 000 €. »

Le plus simple pour générer des revenus le plus rapidement possible lorsque l'on débute, est de trouver un produit dit « gagnant ». Le genre de produit qui génère des ventes rentables dès son lancement (avec les bonnes méthodes marketing, cf. Étape #3). Cela va vous permettre dans un premier temps de tirer profit immédiatement de la puissance du dropshipping pour construire votre boutique autour de ce produit, puis de vous servir de ce premier succès pour ajouter d'autres produits et étendre votre boutique.

Tout d'abord, avant de voir comment trouver ces produits et les mettre sur votre boutique, voyons les critères d'un produit gagnant.

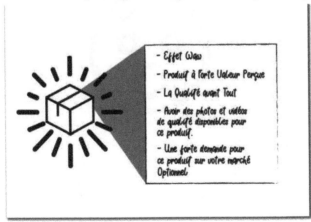

<u>Un produit gagnant remplit 5 critères bien spécifiques :</u>

★ **Effet WOW** (ou résout un problème/une douleur).

★ Produit à **forte valeur perçue.**

★ La **qualité** avant tout.

★ Avoir des **photos et vidéos de qualité** disponibles pour ce produit.

★ Une **forte demande** pour ce produit sur votre marché (optionnel).

Parmi ces 5 critères, 4 sont selon moi obligatoires à avoir chez un produit gagnant. Le 5e, la forte demande déjà existante, est optionnelle : c'est toujours mieux de l'avoir, mais parfois, nous allons nous-mêmes créer cette demande sur notre marché.

<u>Voyons ces critères en détail :</u>

→ **Effet WOW** (ou résout un problème/une douleur)

90 % des décisions sont émotionnelles chez l'être humain et c'est d'autant plus vrai pour les achats en ligne. Qui n'a jamais eu ce rush de dopamine (l'hormone du bonheur) après avoir finalisé un achat ? Il s'agit d'une des clés les plus importantes à comprendre

lors du choix de vos produits et de la façon de les vendre (nous verrons cela à l'Étape #3).

Nous allons vendre des émotions : notre produit doit déclencher un effet WOW ! Un effet de surprise positif, un sentiment de grande découverte chez les personnes de notre niche qui le voient pour la première fois. Si vous présentez un produit qu'on voit déjà partout ailleurs, il ne va rien déclencher chez votre client-type, et celui-ci ne sera pas intéressé.

Au contraire, si votre prospect a l'impression qu'il n'a jamais vu ce produit auparavant, que ce produit va l'aider dans sa vie ou lui permettre de profiter de sa passion d'une meilleure façon, il ne va pas hésiter à acheter.

En sélectionnant des produits qui ont un effet WOW, vous allez générer plus de ventes, mais aussi fidéliser vos clients plus simplement. Ils seront beaucoup plus à même de se rappeler de votre boutique et revenir acheter d'autres produits à effet WOW que vous allez leur faire découvrir.

Comment identifier un effet WOW ?

Avec l'expérience, vous serez à même d'estimer très rapidement si votre produit aura un potentiel effet WOW auprès de votre audience.

Au début, il faudra vous poser quelques minutes devant le produit en vous imaginant être une personne de votre niche ou un futur client potentiel.

- Ce produit sort-il de l'ordinaire d'une manière ou d'une autre ?
- Quelle a été votre réaction la première fois que vous l'avez vu ?
- Quelle a été la réaction des gens à qui vous l'avez présenté ?
- Existe-t-il des vidéos YouTube au sujet de ce produit ?

Cette série de questions va vous donner une très bonne indication sur l'effet WOW de votre produit. Il vous suffit d'avoir une seule réponse positive pour remplir le critère. Ne soyez pas trop dur, il vaut mieux être un peu large dans vos réponses, le tri va s'effectuer de lui-même avec les prochains critères.

→ **Produit à forte valeur perçue**

La valeur perçue est la valeur qu'attribue votre client-type (celui de votre niche) à votre produit. Il s'agit donc d'une notion subjective, propre à chaque individu selon le moment présent, ses émotions et la relation qu'il entretient avec la niche/passion.

La valeur perçue se compose en réalité de 3 valeurs distinctes :

★ La valeur émotionnelle.
★ La valeur d'usage.
★ La valeur symbolique.

Détaillons ces valeurs et leurs influences sur la valeur perçue :

• **La valeur émotionnelle**

Cette valeur est très corrélée à l'effet WOW, on peut même dire que l'effet WOW est une indication que votre client attache une très forte valeur émotionnelle au produit. Le client n'achète pas qu'un produit, mais une expérience d'achat tout entière, l'appartenance à une nouvelle communauté, la poursuite d'une passion qui le fait rêver, etc.

Cette valeur sera aussi fortement influencée par la façon de présenter votre produit (image, mise en avant, description, etc. Nous le verrons en détail un peu plus loin).

La valeur émotionnelle pourrait être attachée à la question : « quelles sont les sensations procurées au client par la découverte/l'utilisation de mon produit ? ».

- **La valeur d'usage**

Comme son nom l'indique, la valeur d'usage est propre à l'utilisation que votre client va faire de votre produit :

- Le problème que va résoudre votre produit.
- Le changement de vie qu'il va offrir à votre client.
- Sa capacité à satisfaire un besoin donné.
- Ses fonctionnalités et performances.
- Etc.

La valeur d'usage pourrait être attachée à la question : « À quoi sert concrètement mon produit/quel besoin satisfait-il ? ».

- **La valeur symbolique**

Cette valeur est rattachée à la reconnaissance sociale que va recevoir votre client en achetant votre produit, aux retours de ses proches, de ses amis, des gens de la communauté à laquelle il appartient, etc.

La valeur d'usage pourrait être rattachée à la question : « Quelle image renvoie le client vis-à-vis des autres avec mon produit ? »

Maintenant que nous avons vu en détail ce qu'est la valeur perçue d'un produit, la question qui se pose est :

Comment savoir si notre produit a une forte valeur perçue ?

Valeur perçue = valeur émotionnelle + valeur d'usage + valeur symbolique

Il suffit que votre produit possède une de ces trois valeurs pour offrir de la valeur perçue à votre produit ; bien entendu plus en avez, mieux c'est.

→ La qualité avant tout

C'est un de mes critères privilégiés, mais très souvent négligé par certains e-commerçants, dont vous ne devez pas faire partie. Nous sommes ici pour construire une boutique solide sur le long terme, une future marque e-commerce qui soit reconnue.

En vendant des produits de qualité, nous créons un échange win-win avec notre client. Le client reçoit un produit de qualité et nous sommes payés pour cette valeur apportée.

Il est très important d'aborder la construction de votre boutique e-commerce avec cette vision de qualité de produit. C'est d'ailleurs ce qui rend mes business aussi pérennes. Certaines de mes boutiques ont aujourd'hui plus de 5 ans et réalisent toujours autant de ventes. Cela grâce à la fidélisation de la clientèle et le choix de produits de qualité.

Comment vérifier la qualité de notre produit ?

Commencez par la base : les photos du produit. En quoi est-il fabriqué, comment sont les finitions, a-t-il l'air solide ou au contraire prêt à se briser à la moindre pression ?

Mais comment être sûr de la qualité d'un produit, lorsque nous ne sommes pas sur place ? Vous pouvez bien sûr en commander un exemplaire chez vous pour l'analyser, mais je ne vous le conseille pas quand vous débutez (cela nous ralentit trop au début).

Ce que vous pouvez faire en revanche, c'est aller vérifier les avis des clients sur le produit, sur Amazon, ou encore Google. Ce sont de très bonnes plateformes d'avis qui ne pardonnent pas si le produit est de mauvaise qualité...

En dessous de quatre étoiles, bannissez le produit, car il ne sera jamais assez bon. Ne faites pas non plus l'erreur de choisir un produit uniquement parce que vous en êtes tombé « amoureux ».

C'est un risque inutile, les produits ne manquent pas en dropshipping alors ne vous attachez pas émotionnellement sans avoir effectué d'analyse.

→ **Avoir des photos et vidéos de qualité disponibles pour ce produit**

Plus un produit est montré sous son meilleur jour, plus il a de chances d'être acheté. Mais pour ça, il faut que de belles photos de ce produit soient disponibles rapidement et simplement. Ça vous situera en moyen/haut de gamme sur votre marché et vous démarquera de la concurrence. Vous générerez aussi des ventes à moindre coût, car de belles photos et vidéos de vos produits mettent le client en confiance et il passera plus facilement à l'achat.

Gardez cela en tête pour l'instant, nous verrons un peu plus loin où et comment trouver ces ressources facilement.

→ **Une forte demande pour ce produit sur votre marché – Indicateur optionnel**

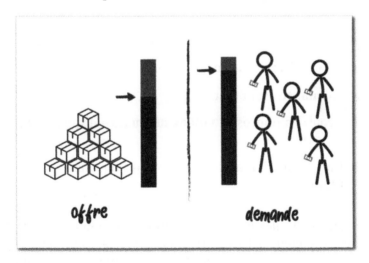

Un indicateur intéressant pour déterminer si notre produit est potentiellement gagnant est son nombre de ventes passées (et présentes) sur notre marché. Si le produit a déjà été vendu (ou se vend actuellement) des milliers de fois, il y a fort à parier qu'il s'agit d'un produit gagnant, logique n'est-ce pas ?

Cependant nous n'allons pas nous contenter de cet indicateur, car vous pouvez très bien trouver de tout nouveaux produits winners en vendant un produit d'un autre marché sur le vôtre, où il n'existait pas jusqu'à présent. Par exemple, un produit de votre niche ne se vend qu'aux États-Unis. Si vous le vendez en France, vous devenez le premier à le lancer sur ce marché. Et vous aurez potentiellement un produit gagnant ! Les possibilités sont nombreuses et nous les verrons en détail dans la partie suivante, mais je tenais à vous en parler ici.

Voilà qui conclut les 5 critères d'un produit gagnant :

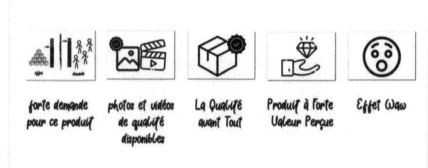

forte demande pour ce produit · photos et vidéos de qualité disponibles · La Qualité avant Tout · Produit à forte Valeur Perçue · Effet Waw

★ **Effet WOW** (ou résout un problème/une douleur).

★ Produit à **forte valeur perçue.**

★ La **qualité** avant tout.

★ Avoir des **photos et vidéos de qualité** disponibles pour ce produit.

★ Une **forte demande** pour ce produit sur votre marché (optionnel).

Lorsque vous allez vendre votre premier produit gagnant, je suis sûr que votre cœur battra à 100 à l'heure, avec l'adrénaline qui se déchargera dans votre corps. Parce que vous connaissez maintenant le potentiel de ce produit et vous savez l'impact qu'il va avoir sur vos résultats. C'est comme ça que j'ai ressenti ma première vente, c'était intense !

Attendez-vous à ce que ça décolle ! Grâce aux produits gagnants, votre boutique va prendre une valeur énorme, vous allez même devenir une référence dans votre niche et les clients vont affluer.

Passons à la question que vous vous posez tous... Mais avant cela, voyons quelque chose de très important.

2. LES PRODUITS A NE SURTOUT PAS VENDRE

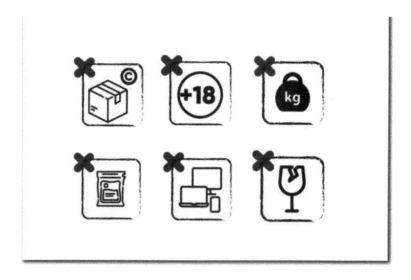

On se demande souvent quels produits vendre sur sa boutique, mais il faut aussi connaître les produits à ne PAS vendre. Car ceux-ci peuvent vous coûter très cher (en termes d'argent et de temps) et vous apporter bien des problèmes si vous n'êtes pas préparé.

Bonne nouvelle, je vous ai dressé une liste qui regroupe les principaux types de produits à ne pas vendre (surtout lorsque vous débutez) :

❖ De manière générale, évitez les produits **fragiles** ou trop **volumineux**, pour des raisons liées à la livraison.

Si un produit arrive cassé, le client considérera que c'est de votre faute et non de celle du transporteur. Il faut aussi prendre conscience qu'un produit volumineux génère des frais d'envoi élevés et peut être bloqué aux douanes.

Les produits à éviter

Les produits fragiles

Les produits trop volumineux

<u>Solution</u> : Si vous souhaitez tout de même expédier ce type de produits, essayez de passer par des transporteurs spécialisés et professionnels. Les fournisseurs ont souvent des accords et des prix avantageux, alors n'hésitez pas à leur demander.

❖ Autres produits à éviter : ceux sous **licence/copyright**. Si vous n'avez pas d'autorisation de la marque, vous vous exposez à des poursuites judiciaires, des amendes, la fermeture de votre business et autres problèmes.

Faites attention à tous les produits sous licence de films, séries, dessins animés, etc. De même, les produits comprenant des logos de marques sont à exclure.

Les produits à éviter

Les produits sous licence/copyright

<u>Solution</u> : Si vous tenez à commercialiser ces produits, vous pouvez soit acheter la licence, soit travailler avec des

fournisseurs qui l'ont déjà et qui vous donnent un droit de revente.

❖ Les produits **électroniques** sont délicats à vendre, car ils sont soumis à de nombreuses normes que les fournisseurs ne respectent pas toujours.

Si un incident survient chez votre client avec l'un de ces produits, c'est votre responsabilité qui sera mise en cause.

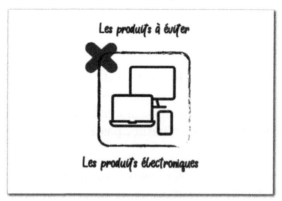

Solution : Si vous souhaitez vendre ce type de produits, assurez-vous de sélectionner un fournisseur sérieux ayant de très bons avis et capable de prouver la qualité de ses produits.

❖ Les produits **consommables** ou **chimiques** (huiles, médicaments, crèmes, maquillage, produits pour bébé, etc.) sont vivement déconseillés pour une question de normes, tout comme les produits électroniques.

<u>Solution</u> : Travaillez avec un fournisseur déjà présent en Europe qui répondra à toutes les normes en vigueur de votre marché.

❖ Les produits **interdits** ou pouvant engendrer des poursuites sont à bannir : sexe, drogues, médicaments, armes (je me devais de le noter, on ne sait jamais...).

Voilà qui est posé, vous connaissez maintenant les types de produits à ne surtout pas vendre, croyez-moi cela va vous éviter bien des mésaventures. Passons maintenant à la façon de trouver de fameux produits gagnants...

3. MES METHODES POUR TROUVER DES PRODUITS GAGNANTS

Maintenant que vous avez découvert le concept d'un produit gagnant et ses critères (ainsi que les produits à ne surtout pas vendre), nous allons voir comment et où trouver ces fameux produits.

Il existe deux types de méthodes pour trouver des produits gagnants :

★ Les méthodes gratuites.

★ Les méthodes payantes.

Les deux types présentent leurs avantages et leurs inconvénients. En tant que débutant, vous pouvez tout à fait commencer par des méthodes gratuites pour trouver vos premiers winners. Je continue d'ailleurs de trouver des produits winners avec ces méthodes pour mes propres boutiques.

Le but est d'utiliser les deux types simultanément afin de trouver plus de produits gagnants et ce, de manière régulière.

★ Les méthodes gratuites

Les méthodes gratuites sont intéressantes lorsque vous débutez et que vous n'avez pas de budget à investir dans les méthodes payantes (que nous allons voir juste après). Il est aussi selon moi indispensable de s'essayer à ces méthodes au moins une fois, afin de maîtriser les bases de la recherche de produit (l'un des poumons de votre business). Après en avoir testé des dizaines et dizaines, voici les méthodes et plateformes qui m'ont permis de trouver le plus de produits gagnants.

→ **AliExpress :** C'est l'un des plus gros sites de fournisseurs chinois au monde. C'est simple, vous y trouverez TOUT. Pratiquement tout ce qui se vend dans le monde est sur AliExpress. Et ce dans toutes les qualités, du *cheap* au produit de luxe. Ne tombez pas dans le piège de vous imaginer que tout ce qui est fabriqué en chine est de qualité médiocre. N'oubliez pas que les iPhones et de nombreux produits de marque sont fabriqués dans ce pays. Il y a un véritable savoir-faire lorsque l'on sait le trouver.

AliExpress est aussi la plateforme principale qui nous servira de fournisseur et que nous allons utiliser pour débuter votre boutique e-commerce (nous verrons ça en détail dans la sous-partie suivante).

→ **Amazon.com** (. fr/ .uk/ .de) : C'est tout bonnement le plus gros site d'e-commerce au monde (mais pratiquement tous les produits présents sur Amazon sont aussi trouvables sur AliExpress). L'intérêt d'Amazon réside surtout dans son classement des ventes et son système d'avis qui va nous permettre de filtrer les produits de notre niche de façon très simple.

→ **YouTube :** Si vous avez correctement choisi votre niche, celle-ci est très probablement mise en avant sur diverses chaînes YouTube. Nous allons nous concentrer sur les vidéos de « reviews » (avis) de produits : ce sont des vidéos dans lesquelles une personne va tester un produit et donner son avis. Le nombre de vues, les commentaires, le nombre de vidéos à propos d'un produit vont nous aider à identifier un potentiel produit gagnant.

➜ **Facebook :** Le plus gros réseau social du monde. Facebook est une mine d'or de produits gagnants. Que ce soient des produits présentés en vidéo qui buzz par des pages de niches, dans des groupes ou même par vos concurrents, tout est là pour vous aider à trouver des produits gagnants.

➜ **Espionnage de ses concurrents (sur tous les marchés) :** Une façon de trouver des winners un peu différente des autres. Ici nous allons directement espionner les boutiques de nos *concurrents (que ce soit aux USA, en France, en Angleterre, peu importe)* et analyser les produits qu'ils ont le plus vendus, et même les produits sur lesquels ils font de la publicité actuellement.

Nous venons de voir les 5 méthodes principales pour trouver des produits gratuitement :

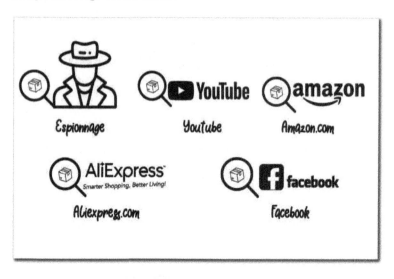

★ Les méthodes payantes

Les méthodes payantes sont optionnelles (surtout lorsque vous débutez). Ce sont des solutions de confort puissantes certes, mais non indispensables, bien que d'une grande aide. Voici les deux outils les plus puissants du marché que j'utilise personnellement (j'ai d'ailleurs un partenariat avec eux pour offrir une réduction exclusive aux lecteurs de ce livre, cf. BONUS 2 à venir) :

→ **Alishark** : il s'agit d'un outil qui va nous aider à scanner l'entièreté du site AliExpress en quelques clics, grâce à des filtres spécialement conçus pour trouver les produits gagnants (nombre de ventes pendant une période donnée, note des e-commerçants vendant ce produit, note client, note fournisseur, etc.). Un outil qui va vous permettre de gagner énormément de temps en recherche de produits.

→ **Adspy** : Là aussi il s'agit d'un outil qui va vous faire gagner un temps fou, mais cette fois dans vos recherches de produits sur Facebook. L'idée est la même qu'Alishark, mais appliquée à Facebook. Vous allez pouvoir rechercher les vidéos et images de produits les plus vues, commentées, partagées, dans un pays donné, et seulement si elles redirigent vers une boutique Shopify ! Vous allez être en mesure de lancer des produits déjà testés et approuvés par vos concurrents. Une solution diaboliquement puissante !

Voilà pour la présentation des méthodes de recherche de produits ; bien entendu je ne vais pas m'arrêter là et vous laisser seul avec cela, vous me connaissez à présent.

Lisez la prochaine partie qui traite des fournisseurs, une (grosse) surprise vous attend à la fin de celle-ci...

4. Comment choisir les meilleurs fournisseurs pour vos produits

Vous avez désormais une liste de cinq produits à potentiel gagnant, nous allons maintenant voir comment choisir le meilleur fournisseur pour ces produits.

Comme vous l'avez vu dans l'Étape #1, lors de la présentation du concept du dropshipping, c'est un fournisseur qui s'occupe à 100 % de la partie logistique. Le client commande depuis votre boutique, il vous paie (au prix de votre choix), puis vous payez à votre tour, moins cher, l'article à votre fournisseur et c'est lui qui se charge de l'envoi de la commande à votre client depuis son entrepôt.

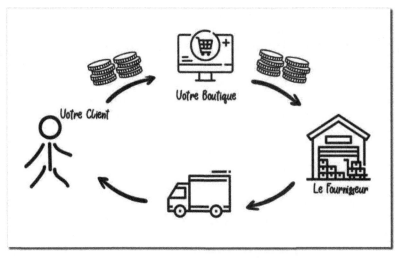

Nous allons principalement utiliser AliExpress, qui est un site qui regroupe des milliers de fournisseurs chinois et qui nous permet de relier directement ces fournisseurs à notre boutique pour les produits de notre choix. Et petit rappel : vos clients ne verront pas toute cette partie fournisseur, ils commandent un produit sur votre boutique et reçoivent le produit en question, point.

Il ne s'agit pas de la seule plateforme de dropshipping qui existe, vous pouvez en trouver d'autres en Chine, en Europe, aux USA, partout dans le monde à vrai dire... Mais lorsque l'on débute (ou lorsqu'on lance un nouveau produit), AliExpress reste la meilleure option en termes de choix de produits, de fournisseurs, prix, et simplicité de mise en place.

Parlons de cette mise en place justement. Aujourd'hui le dropshipping est un business qui se développe de plus en plus, nous avons donc à disposition de nombreux outils très puissants sous forme d'application sur le Shopify Store (similaire à une app que vous installez sur votre téléphone, mais ici c'est sur votre boutique Shopify). Ces différentes apps nous permettent de faire des améliorations dans tous les domaines de notre boutique et notamment de relier notre boutique directement à nos fournisseurs AliExpress (entre autres).

Nous allons voir un peu plus loin en détail l'application que j'utilise et comment l'installer avec les meilleures configurations (en cinq minutes chrono). La beauté de cette application, c'est qu'elle vous donne le total contrôle sur le choix et l'utilisation d'un fournisseur : vous pouvez à tout moment changer de fournisseur pour un produit donné en quelques clics, ajouter un nouveau fournisseur, changer de produits, avoir un fournisseur différent pour chacun si besoin, etc. Vous êtes le seul maître à bord.

Mais d'abord, voyons comment sélectionner les fournisseurs que nous allons relier à notre boutique...

Comme dans tout, il existe de bonnes et de mauvaises entreprises, vous pouvez donc trouver d'excellents fournisseurs sur AliExpress, avec un véritable savoir-faire, une attention sur la qualité de vos produits, un service au top, mais aussi des très mauvais fournisseurs. La clé est de savoir les éviter. Et justement je vous ai préparé les critères indispensables d'un bon fournisseur.

Les critères indispensables d'un bon fournisseur :

Chaque fournisseur a son propre compte vendeur sur la plateforme et nous avons donc accès à certaines informations à propos de lui qui vont nous permettre de comparer et choisir le bon fournisseur.

Un Fournisseur Depuis Plus D'un An

→ **1 an d'ancienneté minimum sur la plateforme :** Il s'agit d'un gage de sérieux, les mauvais fournisseurs ne font pas long feu sur AliExpress...

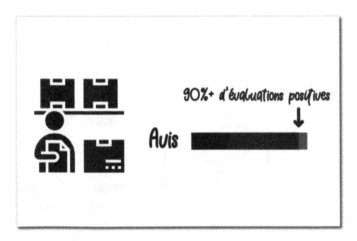

→ **90 % + d'évaluations positives :** AliExpress nous permet de laisser un avis sur le fournisseur après un achat. Je vous recommande de ne sélectionner que des fournisseurs ayant un excellent taux d'avis positifs afin de s'assurer de la qualité et du professionnalisme de ceux-ci.

Transporteur	Coût	Suivi	Livraison Estimée
AliExpress Standard Shipping	23	✓	7-10 jours
Ems	80	✓	16-31 jours
DHL	100	✓	20-40 jours

→ **Mode de livraison «AliExpress Standard Shipping»** : Il existe différents modes de livraison sur la plateforme. Le meilleur mode est «AliExpress standard shipping», c'est un mode de livraison suivi par AliExpress lui-même qui garantit des livraisons en 7 à 10 jours. Si votre fournisseur ne le propose pas, changez simplement de fournisseur.

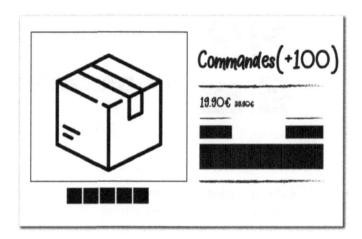

Commandes(+100)

19.90€ ~~39.90€~~

→ **Minimum de 100 commandes sur votre produit** : Ici, le critère est relatif au produit que vous comptez relier à votre boutique. Nous allons seulement relier des produits qui ont déjà été commandés au moins 100 fois via le fournisseur.

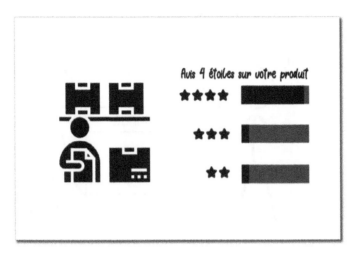

Avis 4 étoiles sur votre produit

→ **Avis 4 étoiles sur votre produit** : Là aussi, cela concerne votre produit. En plus des 100 commandes minimum, nous allons viser au moins 4 étoiles (sur 5) d'avis clients afin de nous assurer de la qualité de ce produit avec ce vendeur.

Vous connaissez maintenant les critères indispensables lors de la sélection d'un fournisseur, désormais vous allez être en mesure de choisir les meilleurs fournisseurs pour vos produits.

Et comme promis je vous ai préparé un énorme **BONUS** spécial : **recherche de produits + fournisseurs + liaison à votre boutique !**

Il s'agit d'une série de vidéos pratiques qui vont vous dévoiler, clic par clic, comment trouver des produits gagnants avec toutes les méthodes dévoilées, comment analyser un fournisseur en direct et comment les relier à votre boutique avec l'application que j'utilise personnellement (ainsi que mes configurations personnelles). Il vous suffit de les reproduire clic après clic en suivant les vidéos ! C'est cadeau. ;)

Oh, et vous allez aussi obtenir une réduction à vie pour Alishark et Adspy (les logiciels ultra puissants de recherche de produits), que j'ai négociée spécialement pour mes clients via des liens spéciaux disponibles dans le **BONUS !**

★ www.saadben.com/produit

Utilisez le lien ci-dessus pour recevoir toutes mes stratégies : « Trouver des produits gagnants, des fournisseurs et les relier à votre boutique, clic par clic », dans ce BONUS OFFERT !

En résumé, dans ce 2e BONUS OFFERT vous allez recevoir en vidéo :

→ Mes méthodes complètes pour trouver des produits gagnants et fournisseurs professionnels en vidéo + comment les relier à votre boutique.
→ Comment trouver des produits gagnants sur AliExpress.
→ La puissance du centre de dropshipping AliExpress.
→ Trouver des produits gagnants facilement sur Amazon.
→ YouTube : comment trouver des pépites sur ce réseau sous-exploité ?
→ Facebook : la mine d'or infinie de produits gagnants décryptée pour vous.
→ Comment profiter du travail de mes concurrents et de leur argent pour trouver des produits gagnants ?
→ Bénéficier de réductions à VIE sur Alishark et Adspy.
→ Comment trouver et analyser des fournisseurs sur AliExpress ?
→ Installer et configurer l'application révolutionnaire que j'utilise pour relier ces produits à ma boutique.
→ Et encore bien plus de surprises...

Pas mal non ? Il est temps d'aller trouver des produits gagnants, qu'en pensez-vous ? Le but est de vous constituer une liste d'au moins 5 produits potentiellement gagnants que nous allons ensuite incorporer à votre boutique.

Aller plus loin, plus vite, ensemble :

Avec cette Étape #2 — spécial recherche de produit, il vous est tout à fait possible de trouver des produits potentiellement gagnants en suivant les vidéos et en y mettant de votre temps.

Mais si jamais vous souhaitez économiser du temps et être encadré par des professionnels, mon équipe et moi-même vous proposons le « **Winners Club** » : **recevez plus de 150 produits gagnants dans 20 niches** différentes sélectionnées par mon équipe et validées en personne par moi-même ! Il s'agit de l'unique club de produits existant en francophonie, absolument PERSONNE ne fait cela ! Bien sûr il s'agit d'un service optionnel et facturé, et sous réserve des places disponibles.

Voici le détail du Winners Club :

★ **+ 150 produits gagnants** dans 20 niches sélectionnées par mon équipe et moi-même.

★ **Analyse des fournisseurs** : je vous donne les meilleurs fournisseurs.

★ Espionnage des **boutiques concurrentes** : les meilleures boutiques de votre niche.

★ Espionnage des **pubs concurrentes** : je les espionne et les classe pour vous.

★ **Audiences à cibler sur Facebook** : je vous donne les meilleures personnes à cibler.

★ **Lien direct vers les pubs** des produits viraux sur Facebook : je les espionne pour vous.

★ Une **vidéo de pub montée** pour CHAQUE produit : valeur par vidéo de 30 € !

★ Une **miniature de pub montée** pour CHAQUE produit : valeur par image de 5 € !

★ Un **calendrier des fêtes du mois** à utiliser pour faire vos promos e-commerce.

★ Tous les **templates d'emails pour les fêtes** : il ne vous reste plus qu'à copier-coller-envoyer !

★ Une **liste de tous les influenceurs des niches** + analyse de leur placement ce mois-ci.

En écrivant tout le contenu du Winners Club, je viens de me rappeler pourquoi PERSONNE ne fait cela parmi mes concurrents. C'est tout simplement « trop » : on me le répète souvent, même les personnes dans Winners Club : « Saad tu devrais vendre ça 5 fois plus cher ! ». Mais ce n'est pas mon but, je veux vous permettre de réussir au plus vite et le plus simplement possible (tout en couvrant mes frais sur ce produit bien sûr, nous avons trois employés à temps plein qui travaillent sur le Winners club).

→   **Pour vérifier s'il reste des places disponibles, rejoindre le winners club et générer des ventes au plus vite... Rendez-vous ICI : www.saadben.com/winner**

5. Construire un univers autour de vos produits

Résumons rapidement ce que nous avons vu jusqu'à maintenant dans cette Étape #2 :

- Le concept de produit «gagnant» et ses critères indispensables.

- Les produits à ne surtout pas vendre sur votre boutique.

- Les méthodes pour trouver ces produits gagnants.

- Comment choisir les meilleurs fournisseurs pour vos produits ?

À ce stade, vous avez donc une liste d'au moins 5 produits potentiellement gagnants, qui sont reliés à leur fournisseur respectif sur AliExpress et prêts à être envoyés dès vos premières ventes.

Nous avons désormais besoin de construire un univers autour de ce produit pour générer des ventes sur votre boutique : fixer des prix rentables, créer de belles fiches produits et des offres marketing qui vont transformer nos visiteurs en clients.

L'une des croyances limitantes que certains débutants ont après avoir découvert le dropshipping (et notamment AliExpress) est de se dire : «pourquoi les gens iraient acheter sur ma boutique alors qu'il y a les mêmes produits sur AliExpress, qui coûtent deux fois moins cher ?». Je pourrais vous faire une conférence entière sur cette question, mais je vais tâcher de garder les choses simples afin de vous permettre d'avancer dans la mise en place de votre univers.

Tout d'abord il est important de se rappeler que «ça marche», vous n'êtes plus au stade de vous poser des questions sur le fait que le dropshipping «marche» ou non. Vous avez pris connaissance de mes résultats et surtout des résultats des personnes ayant suivi la méthode Enfin Libre (vous trouverez une compilation de témoignages à la fin du livre si vous souhaitez en savoir plus).

Se poser ce genre de question ne fera que vous ralentir et vous créer des doutes qui n'ont pas lieu d'être. L'un des facteurs communs des gens qui réussissent est leur faculté à respecter leurs décisions et à passer à l'action lorsqu'il le faut, vous avez déjà pris la décision de vous lancer (bravo !).

Maintenant vient le temps de l'action, respectez votre décision et avançons ensemble dans cette aventure.

Revenons à cette fameuse question :

« Pourquoi les gens iraient acheter sur ma boutique alors qu'il y a les mêmes produits sur AliExpress, qui coûtent deux fois moins cher ?»

Voici les éléments de réponses simplifiés :

→ **Tout le monde ne connaît pas AliExpress :** c'est un « piège » classique qui arrive lorsqu'un jeune dropshipper découvre AliExpress. Il pense que la Terre entière connaît AliExpress et consulte le site de manière quotidienne. C'est TRÈS loin d'être le cas, il y a des centaines de millions de personnes auxquelles nous pouvons vendre (bientôt des milliards avec l'avancement de l'e-commerce dans le monde) et seul un faible pourcentage connaît AliExpress.

→ **Les gens ne connaissent pas tous les produits d'AliExpress :** et même parmi les personnes qui vont sur AliExpress, il est impossible d'y connaître tous les produits. En réalité nous allons faire découvrir la majorité de nos produits à nos clients pour la première fois (comme nous l'avons vu avec l'effet WOW), c'est une très bonne nouvelle pour nous.

→ **Les gens n'ont pas confiance en AliExpress :** autre point, en tant que « site chinois », AliExpress souffre d'une mauvaise image (à tort si on choisit les bons produits/fournisseurs). Beaucoup de personnes n'oseront jamais acheter directement sur AliExpress même s'ils adorent le produit. Ils n'ont simplement pas confiance dans un site à moitié traduit en chinois, la sécurité des paiements, la qualité du produit, les descriptions vagues, les images brouillonnes, la livraison internationale, le SAV confus qui ne parle pas français, le suivi de leur commande, etc. Et tant mieux ! Tous ces éléments, nous allons les proposer de manière ultra professionnelle sur notre boutique e-commerce, c'est win-win pour le client et nous-même.

→ **Nous ne vendons jamais un prix :** sur notre boutique, nous n'allons jamais vendre un prix (nous verrons cela en détail dans les étapes suivantes). Nous vendons des bénéfices, un changement de vie, une solution à un problème, un état zen une fois le produit utilisé, une histoire, une appartenance à une communauté. Tout cela rejoint le point précédent, ce sont des choses que ne proposera jamais AliExpress. De ce fait, nous allons pouvoir attirer un tout autre type d'acheteurs.

→ **Nous ciblons un type d'acheteurs bien particulier** : nous ne vendons pas aux personnes qui passent 5 h de leur dimanche après-midi à sonder Internet à la recherche d'un code coupon de 2,50 €. Ces clients-là, je les laisse volontiers à AliExpress. Nous vendons à des gens qui réalisent des achats émotionnels (cf. le point précédent), impulsifs, qui ne cherchent pas la meilleure affaire, le produit le moins cher, ils cherchent ce qu'ils ne voient pas ailleurs, une nouveauté, un moyen de profiter de leur passion ou une solution à leur problème.

Je tenais à répondre à cette question dès maintenant afin que nous puissions avancer sans le moindre doute dans votre esprit et vous faire visualiser encore plus la mission de votre boutique e-commerce et comment vous allez pouvoir prendre votre part de l'énorme gâteau qu'est l'e-commerce.

Voyons maintenant la création en pratique de votre univers, en commençant par les fiches de vos produits...

CREER DES FICHES PRODUITS QUI VENDENT

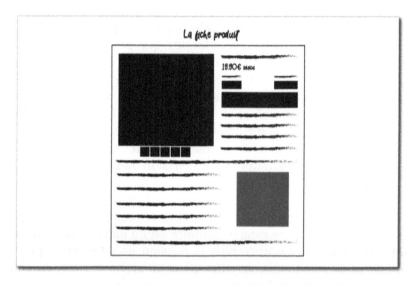

Nous entrons dans le cœur de votre boutique e-commerce, les fiches produits sont le premier contact avec votre client. C'est via ces fiches que nous allons pouvoir générer des ventes, en mettant en avant un produit de manière bien spécifique : ses bénéfices, le changement de vie qu'il apporte, sa solution à un problème, son histoire, l'appartenance à une communauté définie.

Ce sont les éléments qui vont définir les fondations de votre marque e-commerce et l'unicité de celle-ci sur votre marché. C'est ce qui va vous permettre de faire des ventes de manière régulière sur le long terme et cela de manière constante.

Attaquons avec un aspect déterminé pour votre liberté : le prix de vos produits et les marges qu'ils vont vous générer...

A. Comment fixer des prix à fortes marges

Le but ultime de votre boutique est de générer du bénéfice, vos prix doivent donc être fixés de manière logique afin de couvrir toutes vos dépenses et vous laisser avec un bénéfice confortable à la fin de chaque mois. Il existe deux types de marges qui nous servent à fixer nos prix :

★ **La marge brute :** elle représente la différence entre le prix de vente sur votre boutique (ce que vous allez encaisser) et le coût d'achat de votre produit auprès du fournisseur.

Le calcul de votre marge brute est le suivant :

Marge brute = prix de vente boutique
(que nous fixons nous-même) — **prix d'achat fournisseur**
(qui comprend le produit et sa livraison vers notre client)

Exemple : Je vends un jouet pour chat sur ma boutique au prix de 50 €, je l'achète 20 € auprès de mon fournisseur, j'ai donc une marge brute de 30 €.

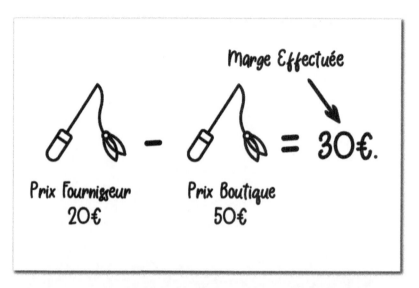

Marge Effectuée = 30€.

Prix Fournisseur 20€

Prix Boutique 50€

Nous allons toujours fixer au minimum une marge brute de 30 €, peu importe le produit, sa valeur perçue, la concurrence sur le marché. Vous pourrez bien entendu fixer une marge brute plus élevée (avec l'expérience), mais jamais en dessous de 30 €.

C'est-à-dire que si vous achetez un tapis de yoga 2 € auprès de votre fournisseur, vous devez le vendre au moins 32 € sur votre boutique.

Autre point, nous n'allons pas laisser le prix tel quel à « 32 € », nous allons toujours l'arrondir au prix le plus proche finissant par X 4,99 € ou X 9,99 € (tout en veillant à rester à 30 € minimum de marge brute). Il s'agit de prix psychologiques qui ne vont pas faire baisser votre nombre de ventes (les gens sont habitués à acheter à ces prix), mais qui vous permettront de faire plus de bénéfices à chaque vente !

Exemple : Mon tapis de yoga me coûte 2 €, je dois le vendre 32 € au total. Le but est donc d'arriver à un montant de commandes total de 34,99 €.

La mise en place détaillée sera la suivante : Le tapis sera à 29,99 € sur votre fiche-produit + 4,99 € de frais de livraison que vous allez facturer au client, nous arrivons donc à un total de :

<u>Prix de vente produit + prix de livraison facturé au client</u> :
29,99 € + 4,99 € = 34,98 €

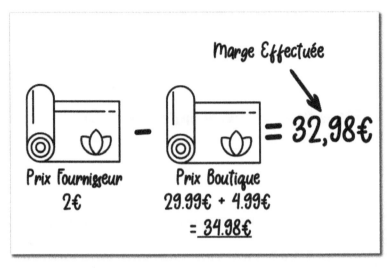

Les frais de livraison que nous facturons à notre client sont une arme très puissante pour augmenter notre bénéfice. Ils sont fixés par nous et nous seul, nous en avons le total contrôle (ils n'ont rien à voir avec les frais de livraison que nous facture notre fournisseur, ceux-là sont compris dans notre prix d'achat).

<u>Important</u> : Si vous estimez que vous ne « pouvez pas » (c'est-à-dire que vous n'êtes pas du tout à l'aise avec) ajouter 30 € de marge à votre produit, et que personne chez vos concurrents ne le fait, suivez en détail l'une des étapes suivantes « offres marketing », nous allons voir comment fixer cela.

★ **La marge nette** : elle représente le bénéfice final que chaque vente génère après avoir réglé tous les frais. Il suffit de partir de la marge brute et d'y soustraire les coûts.

<u>Le calcul de votre marge nette est le suivant</u> :

Marge nette = marge brute – coûts

Marge Nette = Marge Brute — Coûts

La bonne nouvelle, c'est qu'en dropshipping, les coûts sont peu nombreux (quelques frais de cartes bleues, votre hébergement de site, boîte email, etc.).

Retenez une chose : en respectant la règle des 30 € de marge brute, vous vous assurez d'être rentable.

Deuxième bonne nouvelle : je vous ai préparé un calculateur de prix sous forme de tableau Excel à la fin de cette étape, c'est cadeau. :)

B. Comment nommer vos produits de façon professionnelle

Le nom de votre produit est une composante importante afin d'augmenter sa valeur perçue et de participer à la création de votre univers de niche.

J'ai une méthode bien spécifique pour nommer un produit qui a fait ses preuves, je l'appelle la Méthode « P.B.N ». Prenez un papier et un stylo (ou le notepad de votre ordinateur).

Cette méthode comprend 3 étapes distinctes :

- **Produit :** Il s'agit de la première étape, ici nous allons noter dans une colonne tous les noms basiques qui désignent notre produit. Cela ne devrait pas être trop difficile : inspirez-vous d'AliExpress, d'Amazon ou de vos concurrents.

  Exemple : Tapis de litière, jouet pour chat, mandoline de cuisine, range-chaussures, etc.

- **Brainstorming :** Ici nous allons brainstormer un maximum d'adjectifs pour décrire notre produit, que ce soit en anglais ou en français (peu importe votre marché de vente) et les noter dans une colonne en face de celle des produits.

  Exemple : facile (*easy*), magique (*magic*), multifonctions, révolutionnaire, tout-en-1, propre (*clean*), nouveau (*new*), etc.

  Astuce : utilisez un générateur de synonymes pour trouver facilement des adjectifs, comme : www.synonymes.com.

- **Nom :** nous allons utiliser les deux colonnes précédentes pour créer votre nom, prendre un crayon et relier un nom de produit avec un adjectif (ou deux) afin de former une combinaison qui va former le nom final de votre produit. Si possible essayez d'avoir les adjectifs devant le produit (plus facile avec des adjectifs en anglais).

Exemple : EasyClean - Tapis de litière pour Chat.

J'ai choisi deux adjectifs pour ce produit qui décrivent sa fonction et son bénéfice (EasyClean = Facile Propre en français), vous pouvez utiliser un tiret pour séparer les deux langues si besoin comme je l'ai fait.

Cela peut paraître un peu « lourd » comme méthode, mais croyez-moi, avec l'expérience vous pourrez nommer vos produits en quelques secondes. Ne vous prenez pas trop la tête sur cette partie lorsque vous débutez, inspirez-vous de vos concurrents pour développer votre expérience.

C. Comment choisir les meilleures images pour votre produit

Les images produit jouent un rôle crucial sur la valeur perçue de votre produit. Il s'agit souvent de la différence entre avoir un visiteur qui « passe » sur votre boutique et un visiteur qui se transforme en client. C'est aussi un élément qui est parfois trop négligé par les débutants en e-commerce.

Nous allons voir ensemble les clés pour choisir des images qui vont vous permettre d'augmenter la valeur perçue de vos produits et de faire plus de ventes.

Il y a principalement 2 types d'images :

★ **Les images « fond blanc » :** des images simples contenant seulement le produit sur un fond blanc. La qualité n'est parfois pas professionnelle et les angles de vue parfois mal choisis. La majorité des images sur AliExpress sont de ce type (notamment lorsque vous choisissez des variantes de couleurs ou de taille de votre produit).

★ **Les images « en action » :** ce sont des images qui mettent en action ou placent votre produit dans un environnement/univers relatif à votre produit. Ces images sont généralement prises par un photographe spécialisé, ce qui leur assure une qualité supérieure et une bonne mise en valeur du produit (ce sont parfois aussi de très bons montages photo avec un rendu pro).

Il est évident que nous allons nous orienter au maximum vers des images en action. Dans l'idéal, il ne faudrait avoir aucune image à fond blanc sur notre fiche-produit. Comptez 4 à 5 images différentes par produit minimum afin d'augmenter la valeur perçue de celui-ci. Encore une fois, fuyez les images à fond blanc dès lors que vous le pouvez.

Nous verrons dans le bonus de cette étape comment trouver et mettre en place ces images sur votre boutique.

D. Comment créer des offres marketing irrésistibles

Tout d'abord : Qu'est-ce qu'une offre marketing ?

Une offre marketing est une offre (comprenez « solde/ promotion ») mise en place sur votre produit pour encourager vos visiteurs à passer à l'achat maintenant et pour augmenter leurs paniers moyens.

Les bénéfices d'une bonne offre marketing sont nombreux :

→ Augmentation de la valeur perçue de votre produit.

→ Possibilité de vendre des produits à « faible » valeur perçue apparente (exemple : tapis yoga).

→ Répond aux questions du client : « pourquoi acheter maintenant ? Pourquoi sur votre boutique ? »

→ Vous vous démarquez de la concurrence.

→ Faire plus de ventes sur un produit donné.

→ Faire plus de marge sur les ventes de ce produit donné.

L'offre marketing est l'une des armes les plus puissantes à votre disposition (si ce n'est LA plus puissante) sur votre boutique pour vous démarquer de la concurrence, faire plus de ventes et générer plus de bénéfices. Oui, tout cela en même temps. Bien mise en place, cela fera la différence entre quelques milliers d'euros de bénéfices et des dizaines de milliers d'euros de bénéfices sur le même produit vendu dans le même pays.

Nous allons voir les clés indispensables pour qu'une offre marketing fonctionne, quelles sont les meilleures offres marketing en dropshipping et comment les mettre en place selon le type de produit que vous vendez sur votre boutique.

Les clés indispensables à toute offre marketing :

1. Le véritable BUT d'une offre marketing

Les e-commerçants (même intermédiaires) se trompent souvent dans l'utilisation de leur offre marketing. Séduits par tous les avantages que les offres vantent, ils vont simplement mettre en place l'offre qui les arrange le plus sans trop y réfléchir.

Grave erreur.

Le véritable but d'une offre marketing (outre nous rapporter plus d'argent), est de proposer LA bonne affaire/l'offre absolument irrésistible à nos clients. Vous savez, ce genre d'offre où on se dit que ce n'est pas possible, que les vendeurs se sont trompés ou qu'il doit y avoir un bug quelque part. Ce genre d'offre qui nous donne un rush de dopamine (hormone du bonheur) avant même d'avoir acheté, nous voilà tout excité devant la page du produit...

Ce sont ces offres-là que vous devez chercher à mettre en place sur votre boutique, et cela en vous mettant constamment dans les bottes du client.

2. Toujours justifier votre offre marketing

Le fait de justifier la mise en place d'une offre marketing va lui donner une raison d'exister. Cela va énormément rassurer votre client sur la légitimité de votre boutique et augmenter le nombre de ventes que vous allez faire avec ces offres.

Il est assez simple de justifier votre offre, ne vous prenez pas trop la tête. Voici quelques exemples :

- Soldes d'été/hiver/printemps/automne.
- Fête des mères, pères, grands-mères, grands-pères, etc.
- Lancement d'un nouveau produit.
- Déstockage.
- Re-stockage.
- Anniversaire de la marque.
- Etc.

Il suffit de faire preuve d'un peu d'imagination et le tour est joué. Voyons maintenant quelques exemples d'offres.

Voici les principaux types d'offres marketing :

★ **Promotion classique : –50 %/–60 %/–70 % :**

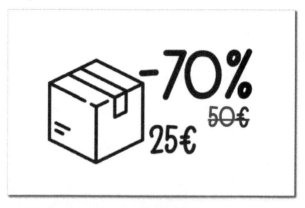

C'est une offre tout ce qu'il y a de plus classique, dans laquelle vous allez avoir un prix hors promotion (le prix barré) et un prix de vente de –50 % à –70 %. Attention toutefois à la valeur perçue de votre produit : plus la réduction est importante, plus la valeur perçue du produit doit être grande pour que l'offre puisse continuer de fonctionner.

Exemple : Une éponge de cuisine innovante vendue à 30 € avec une réduction à –70 % indiquera que le prix de vente de base hors promotion est de 100 €. Ce qui est bien trop comparé à la valeur perçue de votre produit.

Ce type d'offre est moins intéressant à mettre en place. Ce n'est à utiliser que si vous n'avez aucune autre option pour votre produit (ce qui est assez rare). Je l'appelle personnellement l'offre du « fainéant ».

Promotion classique : –50 %/–60 %/–70 % + urgence :

Une version améliorée de l'offre précédente dans laquelle nous allons ajouter de « l'urgence » (*urgency*) et de la rareté (*scarcity*). Nous allons donc reprendre notre réduction et y ajouter une condition ou une date de fin.

Exemple : « -70 %, seulement pour les 100 premières commandes » ou « pendant 48 h seulement ».

C'est une offre assez puissante lorsqu'elle est utilisée avec modération et pendant une période donnée. Faites donc attention de bien gérer ce type d'offre et de ne pas en abuser sous peine de nuire à l'image de votre marque.

★ Livraison offerte

Comme son nom l'indique, nous allons offrir la livraison pour l'achat du produit. C'est une bonne offre à combiner avec une promotion classique sur des produits petits/légers qui semblent simples à livrer, mais pour lesquels le client peut être réticent quant au paiement de frais de livraison.

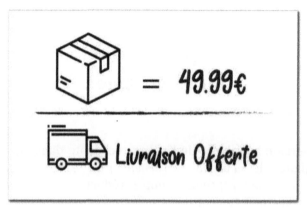

Exemple : petit objet de décoration, rouge à lèvres, petit jouet pour chat, etc.

Vous pouvez appliquer l'offre sous diverses formes :

- Sur le produit directement (sans minimum d'unité).
- À partir d'un certain montant d'achat.
- À partir d'une certaine quantité achetée.
- Pendant une durée limitée.

★ **Réduction selon la quantité (volume discount)**

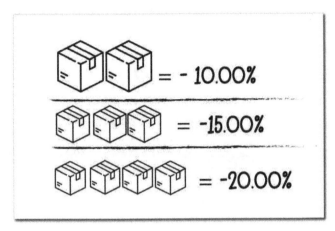

Dans cette offre, plus le client achète le produit en quantité, plus sa réduction est importante. C'est une offre simple à mettre en place que je considère comme une valeur sûre et que je préfère de loin à la promotion classique seule (nous pouvons combiner les deux dans une certaine mesure).

Cette offre est parfaite pour les produits qui nécessitent d'avoir plusieurs unités (exemple : éponge de cuisine) ou pour les produits ayant plusieurs variantes (taille/couleur/forme), ce qui va donner une « excuse » parfaite à notre client pour acheter plusieurs unités de notre produit.

Exemples :

2 unités achetées = 10 % de réduction supplémentaire
3 unités achetées = 15 % de réduction supplémentaire
4 unités achetées = 20 % de réduction supplémentaire

★ Pack/lot du même produit (*bundle*)

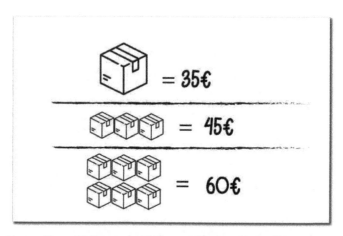

Il s'agit d'une de mes offres préférées en e-commerce ! Vous vous souvenez de l'exemple du tapis de yoga à faible valeur perçue, sur lequel 30 € de marge étaient « compliqués » ? Eh bien cette offre est la solution parfaite !

Nous allons proposer des packs du même produit à des prix dégressifs et irrésistibles pour nos clients, ce qui va parfaitement remplir l'objectif d'une offre marketing : créer LA bonne affaire pour le client.

Exemple (remplacer le tapis de yoga avec tout autre produit) :

1 Tapis de yoga : 35 €
3 Tapis de yoga : 45 €
6 Tapis de yoga : 60 €

Vous voyez la différence, la puissance de cette offre marketing ?

Là vous allez me dire : « mais Saad, si je paie mon tapis 5 € auprès de mon fournisseur, comment je fais pour en vendre 3 à 45 € ? Je n'ai pas mes 30 € de marge par tapis ! »

Vous avez tout à fait raison.

Cependant, il y a un point extrêmement important à comprendre en dropshipping (plutôt en logistique) : **80 % du temps, ce qui coûte le plus cher ce n'est pas votre produit, mais sa livraison depuis votre fournisseur vers votre client.**

Un tapis de yoga doit coûter à tout casser 1 € à produire pour nos amis chinois, donc dans les 5 € que vous payez à votre fournisseur, il y a 4 € de livraison !

Et là où ça devient intéressant, c'est lorsque nous vendons plusieurs unités du même produit au même client, il y aura un seul colis livré à notre client, donc une seule livraison...

Vous voyez où je veux en venir ?

Si je vends 3 tapis de yoga à mon client à 45 € et que j'achète ces tapis 5 € (1 € produit + 4 € livraison), je ne vais pas régler 5 € x 3 à mon fournisseur, car je ne règle qu'une seule fois la livraison. Non, je vais régler 1 € x 3 tapis + 4 € soit seulement 7 € !

<u>En résumé pour 3 tapis :</u>

Prix de vente de 3 tapis au client : 45 €
Prix d'achat auprès de notre fournisseur : (1 x 3) + 4 = 7 €
Marge : 45–7 = 38 € !

Nous sommes donc passé de : vendre un tapis de yoga à 35 € qui n'a pas de valeur perçue suffisante auprès de notre client (et donc qui va être plus dur à vendre), à proposer 3 tapis pour seulement 45 € (« Quelle affaire ! » se dit notre client) et nous avons augmenté notre marge de 8 € par vente !

Voilà, vous avez l'exemple parfait d'une offre marketing comme je l'entends : WIN-WIN.

Ne vous en faites pas si vous n'avez pas tout intégré du premier coup, c'est normal, il m'a fallu des années pour comprendre cela seul... Relisez tranquillement ce passage et surtout faites des tests sur votre boutique (même sans mettre en vente les produits, juste les calculs de marge) ; avec le temps, vous allez créer ces offres en quelques minutes chrono.

★ **Pack/lot de produits différents (*bundle*)**

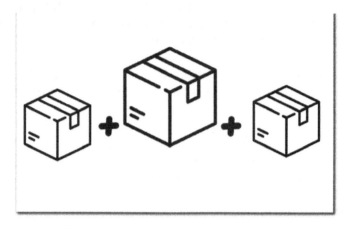

Avec cette offre, nous reprenons le concept de pack de produits, mais cette fois avec des produits différents. Je suis moins fan de cette offre, car elle nécessite des conditions bien précises pour fonctionner :

- Avoir deux produits ULTRA complémentaires : pensez machine à café + dosettes à café.

- Que ces deux produits soient vendus par le même fournisseur afin de bénéficier de la puissance des packs en logistique *(cf. l'offre précédente pour l'explication en détail).*

Cependant, si vous remplissez ces deux conditions (attention à la première, j'insiste : les deux produits doivent être très, très complémentaires, voire indispensables l'un à l'autre pour fonctionner), cette offre devient très intéressante.

Dans le cas contraire et si vous souhaitez quand même vendre un pack, prenez l'offre précédente (le calcul reste le même).

★ **BOGO** (*Buy One Get One free*)

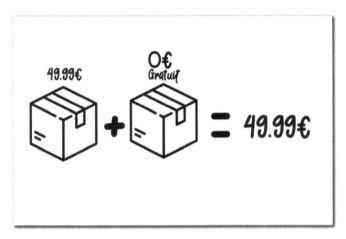

Un type d'offre très puissant, vous le voyez sûrement autour de vous tous les jours dans les magasins de commerce classique :

<u>Exemple :</u>

1 acheté = 1 offert
1 acheté = le 2e à −50 %
2 achetés = le 3e offert

Nous voyons tout de suite que ce genre de promotion donne la «sensation de bonne affaire» pour le client, voire d'offre irrésistible. En revanche, un challenge se pose pour nous : le calcul des marges. Faites bien attention à calculer votre coût d'achat auprès de votre fournisseur selon la variante de cette offre que vous allez proposer.

Si les chiffres sont bons, foncez, sinon revoyez votre offre à la baisse.

★ Pack produit physique + produit digital/numérique

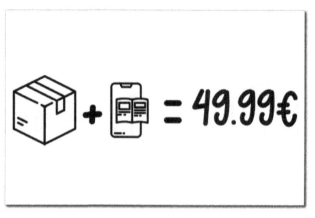

J'ai placé cette offre en dernier car elle nécessite un tout petit peu plus d'expérience dans sa mise en place. Vous devez avoir un produit digital à vendre (le vôtre ou un droit de vente sur un produit déjà existant), relatif à votre niche ou mieux à votre produit.

Lorsque vous avez un produit numérique à proposer, cette offre est vraiment très puissante. Vous allez apporter de la valeur à votre client à propos de sa niche ou de l'utilisation du produit qu'il vient d'acheter (= bonne affaire), mais surtout, vous n'aurez absolument aucun coût sur votre produit digital (excepté la création pour la première fois). Chaque vente est donc du pur profit !

Exemple :

Vous vendez un appareil de musculation pour abdominaux : « Abdo2000 » pour 39,99 €.

Vous avez un produit digital (un ebook) : « Les 5 meilleurs exercices pour des abdominaux parfaits cet été avec Abdo2000 ».

Nous allons créer un pack « Abdo2000 + Ebook 5 Meilleurs Exos » à 49,99 €

Boom, vous venez de faire 10 € de bénéfices de plus à chaque vente ! Très, très puissant une fois que vous avez trouvé la bonne combinaison.

Fiou, voilà qui conclut les types d'offres marketing, je me suis pris au jeu et j'ai écrit un peu plus que prévu, mais c'est un sujet tellement passionnant, une forme de jeu d'échecs où nous bougeons toutes les pièces pour trouver la bonne combinaison, sauf qu'ici, chaque partie nous rapporte de l'argent. Plutôt pas mal, non ?

Il nous reste à voir en pratique la mise en place de ces offres sur votre boutique : alors c'est simple vous allez dans menu de gauche et vous cliquez sur...

Non, je plaisante.

Je vous ai préparé un nouveau bonus exclusif, juste à la fin de cette Étape #2 (il nous reste seulement la description à voir).

Avant cela, passons à la partie suivante.

E. Les secrets d'une description produit réussie

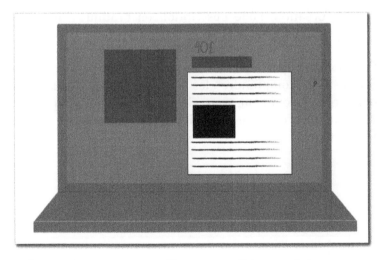

La description vient compléter notre fiche-produit : nous avons le titre, le prix, l'offre marketing, il ne nous reste donc plus que la description.

Je l'ai placée à la fin de l'Étape #2 tout simplement pour procéder de haut en bas dans la mise en page d'une fiche produit et non pas parce que la description est une partie moins importante. Notre description est une arme très puissante à notre disposition pour faire des ventes, nous allons donc nous en servir à bon escient.

Écrire des descriptions ou des textes de ventes est communément appelé *copywriting* en anglais, ce qui pourrait se traduire par « l'art d'écrire pour vendre ». C'est un domaine à part entière (il existe des centaines de livres à ce propos) et des niveaux d'expertise quasi infinis. Bien entendu, notre but ici n'est pas de devenir un expert en copywriting, nous allons donc nous concentrer sur les bases essentielles accessibles aux débutants, qui vous permettront d'écrire des descriptions efficaces sans être un expert de la langue française et sans y passer des heures.

Cette partie est divisée en deux sous-parties :

- Les secrets d'une description de produit réussie (théorie – indispensable).

- Création d'une description en pratique : ma méthode « GTG ».

Commençons par voir les bases théoriques qui vont vous permettre de comprendre les enjeux d'une description en e-commerce et comment vous allez pouvoir vous démarquer de votre concurrence grâce à quelques concepts assez simples à mettre en place.

★ Les secrets d'une description de produit réussie (théorie – indispensable)

1. L'élément dont vous devez absolument parler dans votre description

Contrairement à ce que l'on peut croire, ce n'est PAS de votre produit, mais de votre... client qu'il faut parler ! Il faut se mettre à sa place et écrire POUR lui et non pour vous (l'une des erreurs communes dans les descriptions d'e-commerçants).

Une structure commune et applicable dans 99 % des cas :

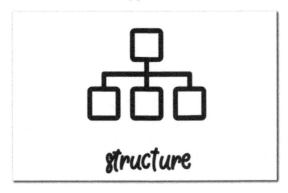

- Vos clients ont déjà un problème (ou un besoin).
- Amplifier le problème/besoin.
- Les aider à visualiser leur vie sans ce problème/besoin.
- Placer notre produit en tant que solution.

En respectant à peu près cette structure, on s'assure de parler au client et pour le client, le produit n'est qu'un moyen/véhicule et pas forcément une finalité en soi. Ce qui nous amène au point suivant...

2. Caractéristiques vs Bénéfices

Vous vous rappelez quand je vous disais que nous ne vendons pas un prix logique, mais une expérience émotionnelle à nos clients ?

La différence majeure va se jouer ici, et c'est aussi ici que 80 % des e-commerçants se trompent (mais pas vous puisque vous lisez ces lignes !). Ils utilisent les caractéristiques de leur produit pour essayer de le vendre de façon logique... Aïe.

<u>Mauvais exemple :</u> Grande Taille — Ce tapis de yoga fait 180 cm de long et 30 cm de large.

Le but est d'utiliser les bénéfices directs que va apporter notre produit au client dans sa vie. Nous allons toucher à la partie émotionnelle de son cerveau (la majorité des décisions sont prises par cette partie du cerveau), et réaliser des ventes beaucoup plus simplement.

<u>Meilleur exemple :</u> [3 Fois plus Grand] : terminé, les pieds gelés sur le carrelage froid de votre appartement en hiver parce que votre tapis de yoga est trop petit pour vous ! Ce tapis (180x30 cm) 2 fois plus grand qu'un tapis ordinaire vous évite d'entrer en contact avec votre sol et vous offre un yoga matinal profond et confortable, au coin de votre radiateur dans le confort douillet de votre appartement.

J'ai poussé la description un peu loin, mais vous voyez l'idée. Vous avez vu la différence ? Il s'agit du même produit ! Je vous laisse deviner la description qui va faire le plus de ventes et à quel prix nous allons pouvoir vendre ce tapis...

La façon la plus simple de rédiger ce genre de description est de transformer les caractéristiques de votre produit en bénéfices pour le client (comme dans l'exemple).

3. Le véritable but d'une description produit

Le but d'une description est de persuader le visiteur de notre boutique à passer à l'achat, rien de nouveau vous me direz.

Ce qu'il faut garder en tête, c'est que nous allons le persuader (notez la seconde utilisation de ce mot) de manière émotionnelle. Nous allons tout simplement donner une « excuse » à notre client pour acheter avec ses émotions (bénéfices) et pour rationaliser ensuite cet achat avec sa logique (caractéristiques).

On appelle cela le processus de rationalisation. C'est un phénomène assez répandu dont nous sommes tous « victimes », que ce soit envers nous-même, avec nos proches, notre femme/mari, la société... C'est ancré dans le mode actuel de consommation et nous allons utiliser ce phénomène.

Exemple d'un achat rationalisé par le client :

« *OK j'achète cette voiture, elle est géniale ! Ce sera aussi plus simple pour aller voir la famille le week-end, on va pouvoir prendre plus de choses pour partir en vacances, et de toute façon, on comptait changer de voiture dans 2 ans, autant le faire maintenant...* »

Il s'agit d'une décision basée sur l'émotionnel à 100 %. On pourrait se dire que non, vu toutes les fonctionnalités mises en avant dans ce message, mais tout ce qui est écrit après le mot « géniale » découle du processus de rationalisation. La décision était déjà prise, le client s'est juste auto-persuadé qu'elle était « bonne ». Bingo, description réussie.

4. La puissance de la visualisation

Vous avez vu cet aspect dans l'exemple du point 2. Tout au long de notre description, nous allons permettre à notre client de se projeter. Il va s'imaginer utiliser le produit et les bénéfices dont il va profiter. Nous allons donc écrire comme s'il avait déjà acheté le produit et mettre en avant comment cela va changer sa vie.

Une méthode simple et efficace pour utiliser la visualisation est d'interroger directement notre client dans notre description et répondre à ses questions par rapport à la situation/problème rencontré.

Quelques exemples de questions :

- Comment serait votre vie si vous ne souffriez plus de [problème] ?
- Que se passerait-il si vous ne deviez plus faire [besoin] tous les jours ?
- Votre quotidien ne serait-il pas tranquille sans [problème] ?

Ce type de questions va non seulement permettre au client de visualiser directement la scène, mais aussi vous aider à donner de la matière à votre description.

De la même façon, vous pouvez aussi utiliser l'un des verbes les plus puissants en copywriting : « Imaginez » + bénéfices de votre produit/situation finale une fois le produit utilisé par notre client.

Prenons l'exemple d'une ceinture qui protège le dos :

« Imaginez...

... ne plus jamais avoir mal au dos avec cette ceinture révolutionnaire.
... pouvoir marcher des heures avec vos enfants au parc le week-end sans aucune douleur.
... dormir enfin sur vos deux oreilles sans être constamment réveillé par cette douleur aiguë dans le bas de votre dos.
... etc. »

La visualisation est un outil très efficace pour générer des ventes, ne vous en privez pas.

5. Les éléments additionnels de votre description

Outre les mots que vous allez directement écrire dans votre description, il existe certains autres éléments qui vont renforcer votre description. Nous les verrons en détail dans la partie pratique en BONUS :

- Des images pour illustrer tous vos points.
- Des preuves sociales (témoignages) pour appuyer vos propos.
- Une section « Comment ça marche ? » — Si besoin.
- Une section « Pour qui est ce produit ? » — Si besoin.
- Foire aux questions.
- Garanties.

Nous avons donc vu les 5 secrets d'une description réussie :

★ L'élément dont vous devez absolument parler dans votre description.

★ Caractéristiques vs bénéfices.

★ Le véritable but d'une description produit.

★ La puissance de la visualisation.

★ Les éléments additionnels de votre description.

Comme promis, je vous ai préparé un autre **BONUS** énorme : **création de fiches produits de A à Z + offres marketing, clic par clic en vidéo** !

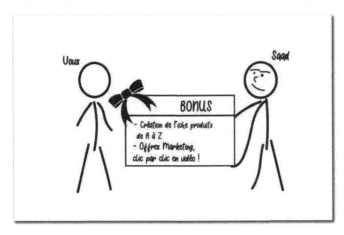

Il s'agit d'une série de vidéos pratiques qui vont vous dévoiler, clic par clic, comment créer des fiches produits de A à Z en suivant tous les points que nous avons vus ensemble ici. Nous allons aussi mettre des offres marketing en place, vous pourrez entrer dans ma tête et découvrir le raisonnement derrière le choix de mon offre marketing selon le produit vendu. Il vous suffira ensuite d'appliquer tout cela, de recopier clic après clic en suivant les vidéos ! C'est cadeau. ;)

★ **www.saadben.com/fiche**

Utilisez le lien ci-dessous pour recevoir toutes mes stratégies : « Création de fiches produits de A à Z + offres marketing, clic par clic en vidéo » dans ce BONUS OFFERT !

En résumé, dans ce 3e BONUS OFFERT vous allez recevoir en vidéo :

➜ Mes méthodes complètes en pratique pour créer une fiche-produit professionnelle.
➜ Comment choisir les meilleures images pour votre produit.
➜ Comment *brander* ces images à l'effigie de votre marque ?
➜ Comment nommer vos produits de façon pro ?
➜ Comment fixer des prix rentables + mon calculateur ?
➜ Les grands principes d'une description réussie + création en live.
➜ Les meilleurs types d'offres marketing + création en live.
➜ Et bien d'autres surprises…

Pas mal, non ? Il est temps d'aller créer vos fiches produits, qu'en pensez-vous ? Rendez-vous sur ce lien pour débloquer votre 3e BONUS et créer vos premières fiches. Le but est de créer les fiches de vos cinq produits potentiellement gagnants afin que nous puissions commencer à attirer des visiteurs sur votre boutique.

Rendez-vous ici : **www.saadben.com/fiche**.

★ Ce que vous avez appris dans l'Étape #2 :

Avec cette 2ᵉ étape bien remplie, vous avez clairement passé un cap dans votre aventure e-commerce et vous vous rapprochez jour après jour de votre liberté financière. Voici tout ce que vous avez appris dans cette étape :

- ★ **Le concept de produit gagnant, les critères de ces produits :** il ne suffit que d'un produit pour tirer profit immédiatement de la puissance du dropshipping et ensuite se servir de ce premier succès pour générer plus de revenus.

- ★ **Les produits à ne surtout pas vendre :** les produits à ne PAS vendre : ceux qui peuvent vous coûter très cher (en termes d'argent et de temps) et vous apporter bien des problèmes si vous n'êtes pas préparé.

- ★ **Les deux types de méthodes pour trouver des produits gagnants :** comment et où trouver les fameux produits gagnants avec les 2 types de méthode les plus répandus ?

★ **Comment choisir les meilleurs fournisseurs pour vos produits :** comment identifier et trouver les bons fournisseurs qui vont s'occuper à 100 % de la partie logistique, vous laissant la partie marketing intéressante ?

★ **Construire un univers autour de vos produits et vendre plus :** comment vous démarquer de la concurrence et prendre une longueur d'avance pour générer des ventes sur votre boutique : fixer des prix rentables, créer de belles fiches produits et des offres marketing qui vont transformer vos visiteurs en clients.

Il est temps de passer à la troisième étape, je parie qu'elle va vous plaire : attirer des visiteurs sur votre boutique pour faire des ventes !

PLAN D'ACTION DE L'ÉTAPE #2

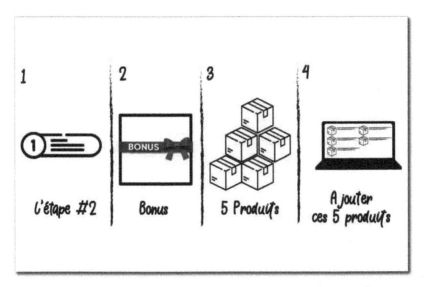

Voici le plan d'action détaillé à mettre en place pour l'Étape #2 de la méthode :

1. **Lisez** entièrement l'étape sans sauter de sections.

2. **Débloquez** votre Bonus offert ICI :
   www.saadben.com/fiche

3. **Trouvez 5 produits** potentiellement gagnants avec les méthodes dévoilées (une ou plusieurs méthodes au choix, gratuite ou payante).

4. **Ajoutez ces 5 produits** sur votre boutique et créez un univers autour d'eux.

ÉTAPE #3 :

ATTIRER DES VISITEURS SUR VOTRE BOUTIQUE ET GENERER DES VENTES

Étape # 3

Comment attirer des visiteurs sur votre boutique

Ça y est, vous êtes maintenant prêt à accueillir vos visiteurs et vos premiers clients ! Je vous l'avais promis, avec ce livre et cette méthode pédagogique, vous avez été en mesure de créer votre boutique e-commerce et de la configurer pour qu'elle soit comparable aux plus grandes marques e-commerce professionnelles.

Vient maintenant l'Étape #3, une étape passionnante : vous allez découvrir comment attirer des visiteurs sur votre boutique et faire des ventes (c'est pourquoi nous sommes ici après tout) ! Je vais vous dévoiler toutes les méthodes que j'ai utilisées depuis mes débuts dans l'e-commerce et qui m'ont permis de générer mes premiers revenus pour enfin devenir totalement libre.

Avant de mettre en place l'Étape #3, il faut vous assurer d'avoir mis en application les deux étapes précédentes afin de pouvoir attirer des visiteurs sur votre boutique (logique : on ne fait pas venir des clients sur une boutique en chantier).

<u>Voici le prérequis indispensable avant de mettre en place l'Étape #3 :</u>

★ Votre boutique doit être terminée en suivant la méthode de création de l'Étape #1. Vous devez aussi avoir au moins 5 produits que vous avez sélectionnés grâce aux méthodes présentées dans l'Étape #2 et avoir créé pour chacun d'eux une fiche produit professionnelle.

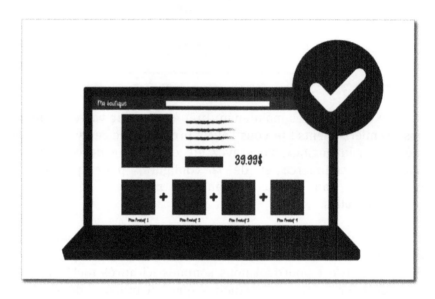

Notre but ici : générer des ventes sur ces produits d'ici la fin de cette étape.

1. Comment encaisser les ventes sur votre boutique

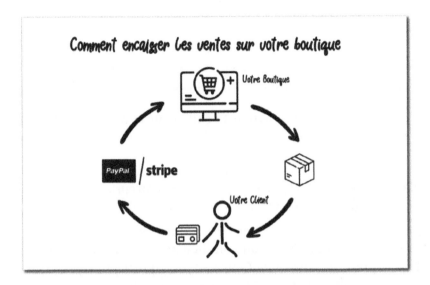

« *Comment "techniquement" encaisser des ventes sur notre boutique et les recevoir sur son compte bancaire ?* »

Je n'ai pas abordé cette partie plus tôt car, bien qu'essentielle, nous n'en avions tout simplement pas encore besoin. L'un des piliers de ma méthode pédagogique est de vous donner les informations dont vous avez besoin à un instant précis, ni plus, ni moins. C'est la façon la plus efficace pour les débutants d'avancer dans cette nouvelle aventure...

Maintenant que vous allez faire vos premières ventes, il vous faut savoir comment les encaisser sur votre boutique puis sur votre compte en banque.

Tout d'abord il va vous falloir une entreprise, mais pas de panique, c'est beaucoup plus simple que cela en a l'air : une simple micro-entreprise (auto-entrepreneur) pour les Français est amplement suffisante (ou tout équivalent dans votre pays).

Souvent, lorsque j'évoque ce passage, les gens s'imaginent qu'avoir une entreprise «n'est pas pour eux», que c'est «compliqué» ou qu'une entreprise est forcément une multinationale avec des bureaux et des dizaines d'employés. Ce sont simplement des croyances limitantes (dont j'étais aussi victime), et nous sommes ici pour les casser !

J'ai créé ma première entreprise depuis mon pc dans ma petite chambre d'étudiant miteuse, et c'est avec elle que je suis devenu libre ! Il n'y a donc aucune raison qui vous empêche de le faire.

Étant donné que ce livre est vendu dans le monde entier, je ne vais pas pouvoir rentrer dans les détails techniques.

Si vous souhaitez toutefois que je vous accompagne clic par clic dans la meilleure façon de créer votre entreprise (pays, statut, options, mise en place, erreurs à éviter, etc.)

★ **J'ai une formation détaillée qui couvre toutes les situations, pas à pas, clic par clic théorie et pratique en vidéo ! Vous pouvez y accéder ici exclusivement :** www.saadben.com/entreprise

Une fois votre entreprise en main, nous allons devoir utiliser des «processeurs de paiements» pour encaisser les ventes de votre boutique et pouvoir récupérer cet argent sur un compte bancaire prévu à cet effet.

Un processeur de paiement est une institution financière (une entreprise tierce reconnue avec les licences requises) qui traite les transactions entre les acheteurs et les vendeurs. Il vous permet de proposer directement sur votre boutique des règlements par carte bancaire, et d'encaisser ensuite l'argent des ventes sur votre compte bancaire. C'est exactement ce dont nous avons besoin.

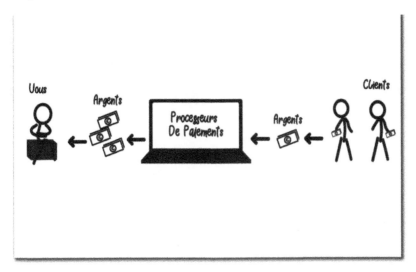

Le meilleur processeur de paiement est, de loin, **Stripe**. Il s'agit de la start-up qui a le plus de valeur aux États-Unis *(95 Milliards de Dollars)* ! Rien que ça ! Encore une fois, cela vous montre l'envolée des ventes sur Internet.

Il suffit de vous rendre sur le site Stripe et de commencer la création dans le pays de l'entreprise (j'insiste bien, c'est votre entreprise qui va avoir un compte Stripe). L'inscription est gratuite, il vous suffit de suivre les étapes pas à pas. (Cette création est aussi comprise dans la formation entreprise, ainsi que les meilleurs comptes bancaires à ouvrir et comment le faire de la meilleure des façons possibles).

Une fois que votre compte Stripe est créé, vous pouvez le relier à votre boutique en deux clics à partir des paramètres (onglet *Paiements*).

Vous voilà prêt à encaisser des ventes sur votre boutique.

Deux chemins s'offrent maintenant à vous pour attirer des visiteurs et faire des ventes : le trafic gratuit ou la publicité payante.

2. LES DEUX CHEMINS QUI S'OFFRENT A VOUS POUR FAIRE DES VENTES

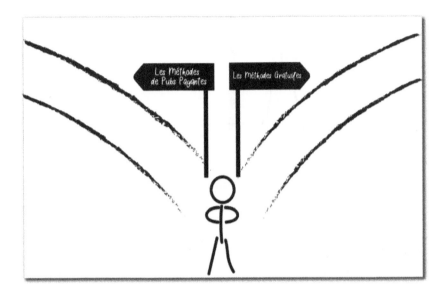

Il existe 2 catégories de méthodes distinctes pour attirer des visiteurs sur votre boutique et faire des ventes :

★ **Les méthodes gratuites** (ou appelé Trafic gratuit/Trafic organique).

★ **Les méthodes de publicités payantes** (ou en anglais, « *les Ads* »).

Il n'y a pas de « meilleure » méthode à proprement parler, chacune à ses avantages et ses inconvénients. Et vous n'êtes absolument pas engagé dans un seul type de méthode, le but pourrait même être d'utiliser ces deux méthodes simultanément sur votre boutique pour réaliser un maximum de ventes. Rassurez-vous, vous pouvez très bien réussir avec une seule méthode correctement mise en place sur votre boutique.

Les avantages et inconvénients des méthodes gratuites :

→ **Les avantages des méthodes gratuites**

◆ Aucun investissement de départ requis.
◆ Marge de bénéfices plus élevée (car pas de budget pub).
◆ Très peu d'entretien, voire aucun, lorsqu'elles sont en place.

→ **Les inconvénients des méthodes gratuites**

◆ Peut prendre plus de temps à mettre en place.
◆ Résultats plus lents, notamment au départ.
◆ Revenus potentiellement plafonnés selon le type de méthode.

L'avantage principal de ces méthodes reste bien entendu leur coût de mise en place très bas, mais en contrepartie vous devez y investir autre chose : votre temps. Nous verrons plus en détail ces méthodes dans la partie suivante.

Les avantages et inconvénients des méthodes payantes :

→ **Les avantages des méthodes payantes**

◆ Mise en place beaucoup plus rapide.
◆ Résultats très rapides avec les bonnes méthodes (24 h).
◆ Virtuellement aucun plafond de revenus.

→ **Les inconvénients des méthodes payantes**

◆ Investissement de départ requis (un bon budget : environ 1 000 €).
◆ Marge de bénéfices moins élevée par vente.
◆ Nécessite un entretien une fois en place.

Comme vous l'avez vu, il existe deux avantages principaux offerts par les méthodes payantes : la vitesse *(le speed)* d'obtention des résultats et la scalabilité (le fait de pouvoir faire augmenter ses revenus sans aucun plafond). En contrepartie vous devez investir votre argent afin de le faire fructifier.

Quelles méthodes dois-je choisir ?

Avant de vous répondre, laissez-moi vous parler de mon expérience avec ces méthodes :

J'ai longtemps été un « anti-pub » :

« Quoi ? Dépenser mon argent pour faire de la pub ? Jamais de la vie. Pourquoi le faire alors qu'il existe des méthodes gratuites ? Ça n'a aucun sens... »

La vie est parfois ironique : moi, Saad, étais « contre » la publicité payante...

J'imagine que vous vous êtes rendu compte que ce n'est plus le cas aujourd'hui. Je me suis simplement aperçu que c'était une grave erreur et que je limitais mes revenus à cause de croyances limitantes héritées de mon ancien job de salarié.

J'ai démarré avec des méthodes gratuites pour construire ma boutique e-commerce car je n'avais absolument aucun budget. Jusque-là rien d'anormal.

Après quelque temps de mise en place (et d'apprentissage, car je n'avais pas ce livre en main), ces méthodes me permettaient de générer 1 500 à 2 000 € par mois. Pas mal pour un début !

Mais ma grossière erreur a été de ne pas réinvestir une partie de ces revenus en publicité. Si je vous disais que vous pouviez réinvestir 500 € de ces 2 000 € pour générer et gagner 3 000 € de plus le mois prochain, le feriez-vous ? Je pense que oui. Il s'agit de la puissance de la publicité payante et il suffit de répéter ce schéma jusqu'à atteindre nos objectifs.

Ça peut sembler évident, et pourtant il m'a fallu presque un an pour m'en rendre compte... Et je veux vous éviter ces erreurs que j'ai commises.

Voici donc ce que je vous recommande :

→ Vous avez un budget d'au moins 1 000 € pour investir dans votre boutique ? **Commencez avec les méthodes payantes.**

→ Vous n'avez pas ce budget à investir ? **Commencez avec les méthodes gratuites.**

Notez que j'emploie le verbe « commencer », car encore une fois rien ne vous empêche de passer d'une méthode à l'autre (je vous recommande d'ailleurs de lire l'ensemble des méthodes présentées ici pour avoir une idée globale des stratégies qui s'offrent à vous).

Le but, si vous commencez avec des méthodes gratuites, serait d'éventuellement passer à des méthodes payantes lorsque vous estimez avoir une sécurité financière et le budget nécessaire.

Voyons maintenant en détail les méthodes gratuites.

3. Attirer des visiteurs sur votre boutique gratuitement

Cette façon d'attirer des visiteurs sur notre site et de faire des ventes est communément appelée « trafic gratuit » ou « trafic organique ». Ces méthodes ne requièrent aucun investissement initial de votre part et reposent sur des stratégies différentes de la publicité payante.

Si comme moi au départ, vous n'avez pas le budget pour investir dans la publicité payante, il vous faudra être créatif et y investir de votre temps. Nous allons voir ensemble les principales méthodes que j'ai utilisées à mes débuts pour gagner 1 500 € – 2 000 € par mois sur ma première boutique (spoiler : je vous ai aussi préparé encore une fois un énorme BONUS à la fin de cette partie).

Les communautés de fans sur les réseaux sociaux

Qu'est-ce que j'appelle une communauté ? Tout simplement une page Facebook, un groupe Facebook, une chaîne YouTube, un compte Pinterest, sur Instagram, sur Twitter, etc. sur la thématique de votre niche.

Le schéma simplifié pour générer des ventes est le suivant :

1. Vous offrez du contenu de valeur à cette communauté : des articles, des images, des vidéos, des idées, etc. Vous répondez aux posts, interagissez, vous montrez que vous êtes un expert de votre domaine (voire un expert en devenir) et faites grandir votre communauté.

2. Vous avez alors une audience à laquelle vous pouvez directement vendre vos produits e-commerce.

À l'époque de ma boutique sur les perroquets, j'avais créé un persona Facebook — une personne fictive sur Facebook qui reflète une clientèle cible — pour répondre aux membres de ma communauté. J'avais aussi ajouté 5 000 amis venant de ma page et de mon groupe des perroquets sur ce profil Facebook.

C'est comme cela que je faisais 1 500 € à 2 000 € : en proposant mes produits sur ma Page, mon Groupe et mon Profil Facebook (tout en continuant à offrir du contenu en parallèle). Bien sûr vous allez commencer à votre échelle avec 20, 30 amis, puis monter progressivement. Au début, c'est lent (je ne vous le cache pas), mais il s'agit de la partie la plus difficile qui va ensuite créer un effet boule de neige pour accroître cette communauté.

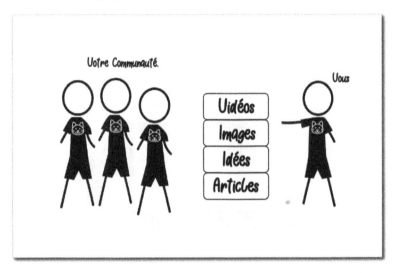

Je vous conseille fortement de vous concentrer sur un seul canal, surtout lorsque vous débutez. Facebook et Instagram sont parfaits pour commencer.

Créez une Page Facebook, un Groupe Facebook ainsi qu'un compte Instagram sur votre niche puis commencez à poster des contenus sur chacune de ces plateformes. Nous allons voir comment s'y prendre dans le BONUS que je vous ai promis.

Le référencement naturel (en anglais : le « SEO »)

Le SEO *(Search Engine Optimization)* est le fait d'optimiser son site (ici notre boutique) pour améliorer son placement *(le fait d'apparaître plus haut)* sur les différents résultats des moteurs de recherche (Google, Bing, etc.). Le but est bien entendu d'attirer des visiteurs qui vont devenir des clients.

Parmi les méthodes de trafic organique, le SEO peut se révéler très puissant : il peut littéralement permettre à vos produits d'apparaître sur la première page de Google d'après une recherche donnée.

Imaginez que quelqu'un cherche à acheter une nouvelle mandoline de cuisine. La personne se rend sur google.fr, écrit : « mandoline cuisine » et votre produit apparaît en premier avec une fiche produit et une offre marketing solide (cf. étapes 1 & 2). BOOM ! Une vente !

Aujourd'hui les statistiques de recherche nous montrent que :

- 81 % des consommateurs effectuent des recherches en ligne avant d'acheter. Ils recherchent déjà activement des solutions à leur problème/besoin.

- 71 % des consommateurs cliquent généralement sur un lien de la première page des résultats. Moins de 6 % des consommateurs cliquent sur les liens des deuxièmes et troisièmes pages.

Nous avons des personnes engagées dans une passion (ou à la recherche d'une solution) et avec un besoin d'achat. Il faut donc absolument se positionner le plus haut possible dans les résultats de cette première page.

Comment marche le SEO ?

Plusieurs centaines de millions de sites web sont référencés sur Internet. À l'aide d'un algorithme puissant, Google doit analyser un nombre inimaginable de pages lorsqu'un internaute saisit une requête pour fournir les résultats les plus pertinents.

Notre but est donc d'envoyer des signaux positifs pour lui indiquer la valeur et la pertinence de notre site selon une recherche donnée. Plus votre site web sera convivial et optimisé, meilleur sera votre classement dans les résultats de Google et plus vous recevrez de trafic sur votre site.

Par où commencer le SEO pour notre boutique ?

Il existe deux principaux axes à travailler en SEO :

a) Le référencement On-site (sur votre boutique).
b) Le référencement Off-site (hors de votre boutique).

Le but à terme est de combiner ces axes d'amélioration afin d'augmenter votre place sur les pages de résultats Google en lui fournissant un maximum de signaux positifs à propos de votre boutique.

a) Le référencement On-site

Cet axe concerne toutes les améliorations que nous allons effectuer directement sur notre boutique. Shopify nous donne la possibilité de modifier les éléments essentiels de notre SEO par nous-même.

Voici les principaux éléments à modifier/améliorer sur Shopify :

★ Les titres et les méta descriptions.
★ Les images.
★ Le contenu de votre site.

Ce sont vraiment les bases du SEO. Veillez à toujours soigner ces éléments puis laissez le temps à Google de faire son travail (vous n'allez pas être sur la première page du jour au lendemain, rappelez-vous de la façon dont fonctionnent les méthodes organiques, il faut du temps).

Voyons un peu plus en détail ces éléments :

→ **Le titre et la méta-description**

Le titre et la description de votre boutique sont tout aussi importants que le titre et la description de vos produits, Shopify vous offre la possibilité de modifier tout cela.

Pour votre boutique, il s'agit de ce qui va être affiché en dessous du nom de votre boutique lorsque vous faites une recherche sur Google :

www.ecole-duchat.com ▾ Translate this page

lecoledeschats: L'école des chats | Boutique Pour les ...

L'**école** des chats est LA **boutique** en ligne **pour les amoureux de Chat** ! Découvrez les plus belles collections de bijoux, décorations et **accessoires** Chats !

Nous pouvons modifier cela directement dans notre boutique. Le but va être d'inclure le maximum de mots-clés relatifs à votre niche. Il faut d'abord créer une liste de ces mots-clés afin de les conserver et pouvoir les réutiliser dans tout votre SEO.

Le plus simple pour créer cette liste est de vous rendre sur Google et de vous inspirer au maximum des mots utilisés dans la description de vos concurrents SEO, notamment des boutiques et marques physiques de votre niche qui ont souvent engagé des professionnels pour effectuer le référencement de leur boutique. Récupérez les fruits de leur travail (nom de produits, requêtes effectuées par les acheteurs de cette niche, descriptif de la boutique, etc.).

Une fois votre liste en main, rendez-vous dans votre boutique Shopify, menu de gauche dans *Boutique en ligne, Préférences* :

Titre de la page d'accueil

L'école des chats | Boutique Pour les Amoureux des Chats

56 caractère(s) sur 70 utilisé(s)

Méta-description de la page d'accueil

L'école des chats est LA boutique en ligne pour les amoureux de Chat ! Découvrez les plus belles collections de bijoux, décorations et accessoires Chats !

154 caractère(s) sur 320 utilisé(s)

On remarque que cette boutique n'est pas optimisée pour le SEO (mais plutôt pour la publicité Facebook), car dans cet exemple nous n'avons pas utilisé le nombre maximum de caractères et les mots-clés sont faibles pour notre niche des chats. L'idéal est donc :

- d'utiliser le maximum de caractères offerts par Shopify,
- d'insérer le maximum de mots-clés précis et relatifs à votre niche et aux produits que vous vendez (cf. votre liste de mots-clés).

Une fois le titre et la description de votre site en place, vous pouvez effectuer le même travail directement sur les pages générales et les pages produit de votre site.

Rendez-vous *dans Produits/Tous les produits*, sélectionnez celui que vous voulez tout en bas et cliquez sur *Modifier le référencement naturel du site* :

Aperçu du résultat sur les moteurs de recherche

TopConfort | Lit Apaisant pour Chat
https://www.ecole-duchat.com/products/topconfort-lit-apaisant-pour-chat
Lit Apaisant pour Chat notre nouveau lit de luxe super rembourré. Parfait pour se blottir au chaud
et en sécurité grâce à ses cotés surélevés. Utilisant un concept connu des thérapeutes, il permet
une réduction drastique de l'anxiété. Le rebord surélevé crée un sentiment de sécurité activant ainsi
le système nerveux d'...

Méta-titre de la page

TopConfort	Lit Apaisant pour Chat

35 caractère(s) sur 70 utilisé(s)

Méta-description

Lit Apaisant pour Chat notre nouveau lit de luxe super rembourré. Parfait pour se blottir au chaud et en sécurité grâce à ses cotés surélevés. Utilisant un concept connu des thérapeutes, il permet une réduction drastique de l'anxiété. Le rebord surélevé crée un sentiment de sécurité activant ainsi le système nerveux d'une

342 caractère(s) sur 320 utilisé(s)

URL et ancre

https://www.ecole-duchat.com/products/ topconfort-lit-apaisant-pour-chat

Encore une fois, dans cet exemple, le produit n'est pas 100 % optimisé pour le SEO. Vous devez utiliser le maximum de caractères offerts par Shopify et insérer le maximum de mots-clés précis et relatifs au produit que vous vendez (cf. votre liste de mots-clés).

Chaque titre et description doivent être uniques, ne faites surtout pas de copier-coller d'un concurrent. Google déteste cela et vous serez pénalisé.

→ **Les images**

Les images de votre boutique et de vos produits peuvent vous aider à renforcer fortement votre SEO.

Tout d'abord, assurez-vous de compresser le poids de vos images. Cela va accélérer la vitesse de chargement de votre page, ce qui est un signe positif pour les moteurs de recherche.

La meilleure façon de compresser automatiquement toutes les images de votre boutique est d'utiliser une application Shopify : je vous recommande notamment l'application **Image Optimizer.** Cette application propose un plan gratuit pour compresser toutes les anciennes et nouvelles images que vous avez et allez ajouter sur votre boutique.

La deuxième étape consiste à modifier le nom de vos images *(communément appelé « balise alt »)*. Les moteurs de recherche utilisent ces noms afin de trier leurs résultats, à nous de les optimiser correctement.

La bonne nouvelle c'est qu'Image Optimizer propose une fonction d'optimisation d'alt vous permettant de nommer toutes les images de votre site en un seul clic : exactement ce que l'on recherche.

→ **Le contenu de votre site**

Google adore le contenu, nos visiteurs aussi. Vous devez alors vous aussi aimer partager du contenu sur votre site. Pour cela vous devez rédiger vos textes axés autour de votre liste de mots-clés établie précédemment. Google aura ainsi une idée très précise du type de produit mis en avant et pourra ainsi le placer plus haut dans les résultats de recherches. Un bon contenu aura un net impact positif sur le positionnement de votre site.

Le contenu commence par les titres et sous-titres que vous allez utiliser.

Vous êtes peut-être déjà familier avec les différents niveaux de titrage (h1, h2, h3, etc.) que l'on trouve sur nos éditeurs de textes classiques, ils permettent de classer nos titres selon leur importance et de les mettre en valeur (par ordre décroissant : « h1 » étant le plus grand).

Nous allons optimiser le SEO de nos fiches produits avec ces niveaux (vous pouvez les trouver dans le menu des descriptions de vos produits).

Premier point très important : il ne faut pas avoir plus d'un « h1 » dans les pages de votre site (il s'agit du titre principal de votre page). Dans ce titre, vous allez indiquer votre requête/mot-clé principal dans une petite phrase descriptive et accrocheuse.

Le but est ensuite de créer une arborescence de menu du type :

« h1 » Mot-clé principal dans une phrase « /h1 »

« h2 »Mot-clé secondaire dans une phrase « /h2 »

« h3 » Sous-titre 1 « /h3 »
Contenu classique sans balises.

« h3 » Sous-titre 2 « /h3 »
Contenu classique sans balises.

« h2 » autre mot-clé secondaire « /h2 »

Etc. Il faut éviter au maximum de mélanger l'ordre des titres.

Maintenant que vos descriptions ont des titres et une arborescence optimisée SEO, voyons les règles à respecter pour votre contenu en lui-même.

- **Pensez « mots-clés » :** Nous avons vu ensemble la méthode pour créer des descriptions de produits efficaces. Combinez cette méthode avec la méthode SEO et agrémentez votre description avec les mots-clés que vous avez récupérés dans cette étape. Vous allez ainsi avoir des descriptions uniques, puissantes et efficaces.

- **JAMAIS de contenu copié-collé :** Vous vous exposez à des pénalités venant de Google pouvant aller jusqu'à la désindexation de votre site Internet (on ne peut plus trouver votre site sur Google).

- **PAS de descriptions basiques récupérées de notre fournisseur.** Même principe, faites vous-même vos descriptions en incluant quelques mots-clés précédemment choisis. Imaginez le besoin du client et répondez-y !

- **Les reviews (avis clients) :** Assurez-vous d'avoir donné la possibilité aux clients d'ajouter des avis (on voit cela ensemble dans le BONUS de l'Étape #3) ! Ça vous donne du contenu gratuit et régulier sur votre boutique avec des mots-clés bien ciblés, etc.

- **Créez un blog Shopify :** Enfin, une bonne solution pour référencer votre boutique shopify, c'est de mettre en place un blog sur votre site. Shopify nous offre la possibilité de le faire directement sur notre boutique. Ce blog va permettre la création d'articles ciblés pour une requête spécifique (relative à l'un de vos produits par exemple) et ainsi remonter le site sur une autre requête sur Google pour ramener plus de visiteurs.

  Bien sûr, tous les conseils vus dans cette étape s'appliquent à votre blog. Ajoutez à cela une régularité et du temps pour que la magie de Google opère.

Si vous vous lancez dans le SEO, assurez-vous d'avoir tout cela en place dans votre boutique, c'est indispensable.

b) Le référencement Off-Site

Cette méthode est un peu plus avancée et s'effectue en dehors de votre site. Je vais simplement vous expliquer le principe ici, car on pourrait écrire un livre entier rien que sur ce passage.

Avec le référencement Off-site le but est d'augmenter la notoriété de votre site auprès de Google, mais cette fois d'une manière différente. Google est attentif aux éléments internes de votre site (le On-site), mais aussi à tous ceux qui parlent de vous et qui envoient du trafic vers votre boutique.

Comme dans la vie, plus il y a de personnes qui parlent de vous, plus vous êtes connu. Plus il y aura de sites Internet qui parlent de vous et plus ces sites auront une bonne réputation auprès de Google (avec un grand SEO, énormément de visites, etc.), plus vous prendrez du poids aux yeux de Google. Attention cependant à qui parle de vous : si ce sont des sites avec une mauvaise réputation ou qui ont déjà subi des pénalités sur Google, alors ces liens seront négatifs pour vous.

Voilà qui conclut la partie sur le SEO de votre boutique Shopify, mettez-en place de façon rigoureuse tout ce que nous avons vu et soyez patient. Le SEO est comparable à semer des graines, avec la bonne méthode et du temps on finit par en récolter les fruits à vie.

Passons à la stratégie suivante...

Les ambassadeurs de marque et (mini) influenceurs

Qu'ont en commun Airbnb, Uber, Amazon ou Dropbox ? Ils ont explosé grâce au marketing d'affiliation et au parrainage (et ils en profitent encore aujourd'hui).

Qu'est-ce que l'affiliation ?

L'affiliation est un partenariat entre les annonceurs qui souhaitent promouvoir leurs offres (ici c'est nous) et les affiliés disposant d'une audience (les influenceurs) mettant en avant les produits des annonceurs en échange d'une rémunération (un pourcentage) sur les ventes.

Pour faire simple : Il s'agit de bouche à oreille rémunéré.

L'un des secrets d'un système d'affiliation qui cartonne (comme Airbnb) : Récompenser à la fois le parrain et le membre parrainé. Cette pratique crée un effet boule de neige. Vous offrez au client une réduction s'il parle de vos produits à quelqu'un d'autre, et vous offrez aussi une réduction à cette nouvelle personne.

→ Votre client actuel reçoit une réduction/récompense.
→ Votre nouveau client bénéficie lui aussi d'une réduction.
→ Vous faites une vente gratuite et fidélisez potentiellement deux clients en même temps.

Win-Win-Win. Tout le monde est gagnant.

Rajoutez la sauce Internet par-dessus et sa capacité à toucher des millions de personnes depuis votre écran et voilà la recette pour faire naître des entreprises qui pèsent aujourd'hui des milliards (Airbnb, Dropbox, Uber), grâce à ce système.

Comment mettre cela en place sur notre boutique e-commerce ?

Tout comme pour le SEO, on peut distinguer deux angles d'attaque pour cette stratégie, tous deux complémentaires, que nous verrons de manière technique dans le prochain BONUS :

★ Utilisez l'audience des autres (influenceurs et leur communauté).

★ Utilisez votre audience (prospects & clients de notre boutique).

Lorsque vous construisez votre première boutique, vous allez bien entendu vous concentrer d'abord sur la première option : les Influenceurs.

→ **Utilisez l'audience des autres (Influenceurs et leur communauté)**

Tout d'abord qu'est-ce qu'un « influenceur » ?

Un influenceur est une personne qui, grâce à son exposition sur Internet et sa communauté sur les réseaux sociaux, est en mesure de proposer des produits à son audience de manière à les pousser à l'achat.

Ce phénomène a explosé aux yeux du grand public suite à un boom de téléréalité et d'Instagram, mais contrairement à ce que la majorité pense, le concept existe depuis la nuit des temps. Et nous n'allons d'ailleurs pas nous concentrer sur cette nouvelle catégorie d'influenceurs très connus (leurs prestations sont facturées des milliers d'euros).

Lorsque j'écris « influenceurs », pensez plutôt aux « mini-influenceurs », ceux qui ont entre 2 000 et 50 000 abonnés sur leur page Facebook, Instagram, Pinterest, YouTube, ou leur blog. Ils sont plus facilement abordables et ne vous demandent pas de les payer pour parler de votre boutique. Il suffit en général de leur envoyer un produit de votre boutique gratuitement, ils le mettent en avant sur leurs réseaux et vous apportent de nouvelles visites et de nouveaux clients potentiels !

Vous vous posez désormais probablement les questions suivantes :

➜ Comment trouver ces influenceurs ?
➜ Comment les choisir ?
➜ Comment les contacter ?
➜ Quoi dire ?
➜ Etc.

Bonne nouvelle : Je vous ai préparé un bonus à la fin de cette étape qui détaille tout cela !

➜ **Utilisez votre audience (prospects & clients de votre boutique)**

Cet axe est plus avancé et nécessite d'avoir une bonne base clients en place et un peu d'expérience en e-commerce. Elle a pour but de transformer tous nos clients en influenceurs pour notre boutique puis en Ambassadeurs de marque exclusifs.

Je ne vais pas l'aborder directement ici, car cela demanderait trop de temps, mais vous en aurez un aperçu dans le Bonus de cette étape.

Voilà qui conclut les stratégies pour attirer des visiteurs et générer des ventes sur votre boutique rapidement. Nous allons résumer tout cela, mais avant...

Comme promis, je vous ai préparé un autre **BONUS** fou : **la mise en place de votre stratégie d'influenceurs et ambassadeurs de marques, clic par clic, en vidéo !**

Il s'agit d'une série de vidéos pratiques qui vont vous dévoiler, clic par clic, comment trouver les meilleurs mini-influenceurs de votre niche, comment les contacter, quoi leur dire, les meilleures offres à leur proposer, et l'application Shopify que j'utilise pour gérer tous mes ambassadeurs de marques et leurs ventes en un coup d'œil. Il vous suffira ensuite d'appliquer tout cela et de recopier clic après clic en suivant les vidéos ! C'est cadeau. ;)

★ www.saadben.com/ventegratuite

Utilisez le lien ci-dessus pour recevoir toutes mes stratégies : « Mise en place de votre stratégie d'influenceurs et ambassadeurs de marques, clic par clic, en vidéo » dans ce BONUS OFFERT !

En résumé, dans ce 4e BONUS OFFERT vous allez recevoir en vidéo :

➜ Ma méthode pour identifier un influenceur à fort potentiel.
➜ L'application ultra puissante que j'utilise pour gérer mes ambassadeurs.
➜ Où trouver des influenceurs : mes réseaux préférés.
➜ Mes méthodes de recherche réseau par réseau.

→ Le message que j'utilise pour contacter les influenceurs.
→ Mon script de vente à transmettre aux influenceurs pour faire des ventes.
→ Et bien plus encore...

Pas mal, non ? Il est temps d'aller faire vos premières ventes, qu'en pensez-vous ?

Rendez-vous sur ce lien pour débloquer votre 4e BONUS : www.saadben.com/ventegratuite

★ Ce que vous avez appris dans l'Étape #3 — partie ventes gratuite :

Avec cette troisième étape – Partie ventes gratuites, vous avez découvert les meilleures stratégies gratuites à mettre en place sur votre boutique pour générer vos ventes. Ces stratégies qui m'ont permis de générer 1 500 € à 2 000 € par mois sur ma toute première boutique. Voici tout ce que vous avez appris dans cette étape :

★ **Les communautés de fans sur les réseaux sociaux :** créez et faites grandir votre communauté de niche sur les réseaux sociaux dans le but d'avoir une audience à laquelle vous pouvez directement vendre vos produits e-commerce.

★ **Le référencement naturel (« SEO ») :** optimisez votre site pour améliorer son placement (le faire apparaître plus haut) sur les différents résultats des moteurs de recherche (Google, Bing, etc.) et attirer des visiteurs qui vont devenir ensuite des clients.

★ **Les ambassadeurs de marque et (minis) influenceurs :** utilisez la puissance du bouche-à-oreille rémunéré sur l'audience des autres pour promouvoir vos produits et générer des ventes gratuitement.

Il est temps de passer à....

Plan d'action de l'étape #3 – Partie ventes gratuites

Voici le plan d'action détaillé à mettre en place pour l'Étape #3 – Partie ventes gratuites :

1. **Lisez** entièrement l'étape sans sauter de sections.

2. **Créez votre entreprise** afin de pouvoir encaisser des ventes (si besoin procurez-vous ma formation *Entreprise & Fiscalité e-commerce*).

3. **Créez vos comptes de processeurs de paiements** Stripe et PayPal (procédure comprise dans la *Formation Entreprise*).

4. **Débloquez** votre bonus offert ICI : **www.saadben.com/ventegratuite**.

Si vous souhaitez utiliser les méthodes de vente gratuites :

5. **Démarrez la création de votre communauté** sur Facebook et Instagram et faites-les grandir quotidiennement.

6. **En parallèle, posez les bases du SEO** sur votre boutique et vos produits.

7. **Maintenez le point 5 et 6 à jour** et entamez la recherche et l'utilisation de vos premiers **mini-influenceurs.**

Si vous souhaitez utiliser des méthodes de pubs, passez à la suite. **Attention : les points 2 et 3 restent indispensables.**

4. UTILISER LA PUBLICITE PAYANTE ET GENERER DES VENTES CONSTANTES

Il y a quelques années « faire de la pub » était synonyme de spot télévisé sur TF1, de campagnes dans les journaux, à la radio ou sur les abris de bus. Des moyens de communication forcément réservés aux grandes marques qui pouvaient se payer les services d'agences spécialisées dans la création et diffusion de leurs publicités.

Cela a bien changé depuis. Bien sûr, les publicités sur les grands médias existent toujours, mais aujourd'hui, tout le monde peut faire de la publicité, et ce d'une manière bien plus accessible (que ce soit en termes de budget ou de facilité de mise en place) et aussi bien plus ciblée, depuis chez soi sans y investir des milliers d'euros.

Comment ? Grâce aux réseaux sociaux et aux régies publicitaires en ligne !

Les plus grands réseaux sociaux (Facebook, YouTube, Google) offrent à vous et moi la possibilité de diffuser des annonces directement sur leur plateforme en utilisant la puissance de leurs algorithmes pour cibler de manière très précise nos clients potentiels.

Nous avons vu dans la partie précédente la puissance d'une communauté et les revenus que nous pouvons générer. Imaginez maintenant si vous aviez la possibilité de cibler des (dizaines de) millions de personnes dans votre niche sans devoir construire l'audience de zéro, car ces audiences sont déjà présentes sur les réseaux en question.

Vous voyez déjà tous les jours ces publicités, sans peut-être même vous rendre compte qu'il s'agit de publicités. En voici un exemple :

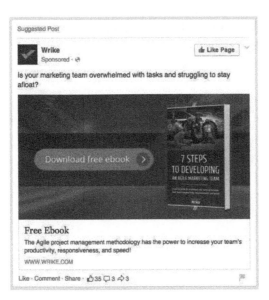

Et la beauté de la chose, c'est qu'ici, Facebook ne montre pas cette publicité par « hasard », il s'agit d'un calcul bien précis de la part de la plateforme selon des milliers de critères et actions que vous avez effectués sur le réseau social (votre sexe, âge, localisation, vos intérêts, groupes, like, commentaires, partages, amis, etc.). Facebook utilise toutes ces informations pour décider quelles publicités diffuser et à quelles personnes de manière très ciblée.

Il s'agit d'une relation win-win-win :

- Les personnes reçoivent des annonces de produits ou services qui les intéressent et reviennent donc plus souvent sur Facebook.

- Facebook accroît sa base d'utilisateurs et le temps passé sur sa plateforme, ce qui lui permet de rester attractif auprès des annonceurs de publicité.

- Les annonceurs (nous) profitent du travail de l'algorithme Facebook pour cibler une audience précise et générer des ventes avec nos produits.

5. La meilleure plateforme pour faire de la publicite

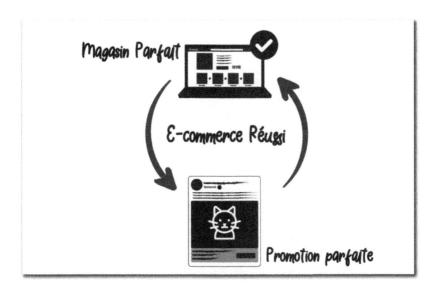

La publicité payante est une discipline en elle-même. Elle requiert tout d'abord une mise en place de manière rigoureuse des Étapes #1 et #2 vues précédemment, afin de construire une boutique professionnelle prête à tirer tout le potentiel de la publicité payante.

La plus grosse erreur que font les débutants (voire les intermédiaires) lorsqu'ils font de la publicité payante : ils pensent que la publicité est une sorte de « magie » qui va permettre de vendre « tout et n'importe quoi » avec seulement une image et quelques réglages. De ce fait, ils négligent la sélection de produits, leur description, leurs offres marketing et la valeur proposée à leurs clients... Faute grave !

Ces éléments sont le cœur du marketing et de la vente, maîtrisez-les et vous pourrez utiliser toutes les plateformes de publicité existantes. L'inverse est quant à lui totalement impossible.

Je tenais à parler de ce point avant de rentrer dans les détails suivants pour être certain que vous et moi sommes sur la même longueur d'onde.

Comme nous l'avons vu dans le début de cette Partie 3, il y a deux avantages principaux offerts par les méthodes payantes : la vitesse (le *speed*) d'obtention des résultats et la scalabilité (le fait de pouvoir faire augmenter ses revenus sans aucun plafond).

Ces deux éléments sont à leur paroxysme sur une plateforme bien spécifique : Facebook.

Aujourd'hui Facebook est le troisième site le plus visité au monde, avec 2,5 milliards d'utilisateurs actifs (cela comprend Facebook, Messenger, Instagram, Whatsapp). L'audience ciblable est tellement grande qu'il n'existe aucune plateforme comparable.

Mais cela ne s'arrête pas là : en plus d'avoir la plus grande audience ciblable, Facebook a aussi le système de publicité le plus poussé du marché (type de contenu, placement, apparence des publicités, possibilités de dépenses, optimisation, réglages, etc.).

Et nous allons voir comment tirer profit d'outils ultra puissants pour générer des ventes sur notre boutique e-commerce.

1. Comment debuter sur la plateforme de pub Facebook

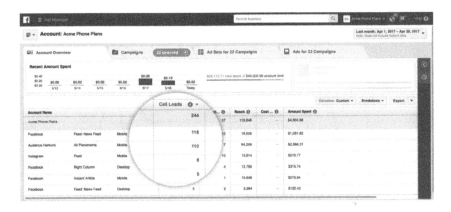

Tout le monde peut faire de la publicité sur Facebook, le seul prérequis est d'avoir un compte Facebook personnel. Je vous rassure tout de suite, vous n'allez pas directement faire de la publicité avec votre compte en tant que personne. Toutes nos publicités seront faites via des pages Facebook de niche que nous allons créer. Vos nom/prénom/photo de profil personnel n'apparaîtront donc jamais aux yeux du public.

L'accès à la publicité passe par un outil Facebook qui s'appelle le « Business Manager ». Il s'agit simplement d'un bureau virtuel que l'on crée gratuitement et dans lequel nous allons créer et lancer nos campagnes publicitaires.

Vu la nature de cette étape (100 % facile à réaliser depuis votre ordinateur) et afin de vous fournir des informations constamment à jour de la manière la plus fluide possible, je vous ai préparé un **BONUS** spécial : **création de votre Business Manager Facebook + mes meilleures configurations personnelles, clic par clic, en vidéo !**

Il s'agit d'une série de vidéos pratiques qui vont vous dévoiler, clic par clic, comment créer votre business manager Facebook, quelles sont mes meilleures configurations afin d'être prêt à 100 % pour faire de la publicité, les erreurs communes à éviter, et bien plus encore... Il vous suffit de suivre et d'appliquer les instructions des vidéos ! C'est cadeau. ;)

★ www.saadben.com/bm

Utilisez le lien ci-dessus pour recevoir toutes
mes stratégies : « Création de votre Business Manager
Facebook + mes meilleures configurations personnelles,
clic par clic, en vidéo » dans ce BONUS OFFERT !

2. LES SECRETS D'UNE PUBLICITE FACEBOOK REUSSIE

Maintenant que nous avons vu comment accéder à la plateforme de publicité Facebook de façon professionnelle, nous allons voir comment créer des publicités efficaces.

Concept de creative

Une publicité sur Facebook est communément appelée « creative » : il s'agit simplement d'un post classique Facebook qui est utilisé dans le cadre d'une campagne de pub Facebook.

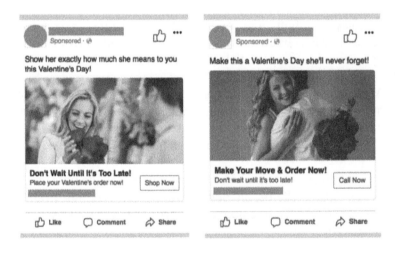

Faisons simple et direct : les creatives sont de très loin les éléments les plus importants en publicité. Il s'agit du cœur de la publicité sur les réseaux sociaux.

Comprenez cela et vous aurez une longueur d'avance sur 80 % des personnes qui font de la publicité payante. Je ne plaisante absolument pas. Aujourd'hui la plupart des annonceurs se focalisent sur la technique, les hacks, les configurations, cherchent le bouton magique pour faire des ventes. Ils délaissent totalement les bases du marketing et leur créativité (et c'est tant mieux pour nous !).

Si vous avez une partie sur laquelle vous devez vous concentrer à 200 % dans cette étape de la publicité payante, il s'agit de celle-là.

Le but de Facebook en tant que réseau social est de proposer un contenu de qualité sur sa plateforme (cela vaut aussi pour les publicités) afin de satisfaire les utilisateurs, les pousser à revenir, à rester plus longtemps sur le site, et ainsi pouvoir leur montrer d'autres publicités ciblées. C'est un cercle vertueux pour eux.

Il est donc dans l'intérêt de Facebook de veiller très scrupuleusement à la qualité des creatives montrées à ses utilisateurs afin de maintenir ce cercle. Et pour encourager cela, Facebook va récompenser les annonceurs proposant des publicités de qualité en les montrant à plus d'utilisateurs et en réduisant les coûts de celles-ci.

Et c'est tout bon pour nous ! Cette importance accordée aux creatives par Facebook va nous permettre de faire des ventes sans avoir à devenir un expert de la publicité.

Aujourd'hui il est plus simple de faire des ventes avec de bonnes creatives et des connaissances techniques moyennes que le contraire : faire des ventes en étant un expert Facebook avec de creatives médiocres relève de l'impossible.

Les creatives vont aussi être le premier contact de votre marque avec vos futurs clients, la possibilité de générer vos premières ventes, de construire une image de marque, de vous différencier de la concurrence, etc.

En résumé : Les publicités utilisant des creatives de qualité vont nous coûter moins cher, nous permettre de faire plus de ventes et nous dégager plus de marge.

Voyons donc les critères d'une creative gagnante...

Les critères d'une creative gagnante

L'attention est la nouvelle monnaie. Dans notre société actuelle ultra connectée, nous sommes constamment exposés à des publicités. Nous accordons environ 1,5 seconde à une publicité lorsque notre cerveau y est exposé. Le challenge pour les annonceurs (désormais nous) est donc de se démarquer de cette masse de publicité pour gagner l'attention de nos clients potentiels et transformer cette attention en une vente.

Sans rentrer dans les détails, cela reprend un schéma pyramidal très connu en marketing appelé AIDA (Attention / Intérêt / Désir / Action).

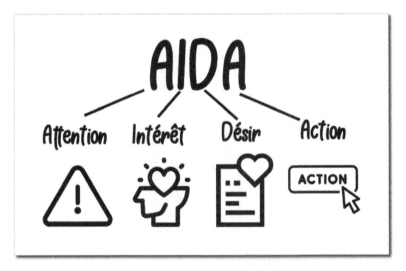

Sans «attention» il n'y aura donc jamais d'«action» (l'action étant ici la vente en e-commerce) ; très souvent les gens se focalisent trop sur le haut de la pyramide (la vente) en négligeant totalement la base de celle-ci (l'attention, captée ici avec notre creative).

Comment attirer cette Attention avec la publicité Facebook ? Il existe plusieurs types de creatives sur FB (vidéo, image, carrousel, slideshow, collection, etc.). Nous allons nous concentrer sur les solutions qui génèrent 80 % des ventes à savoir : les vidéos et les images.

Voici les critères qui vont déterminer le succès d'une vidéo creative :

★ **L'accroche**
★ **Le format**
★ **La miniature**
★ **La durée**
★ **La pertinence des séquences**
★ **Le rythme (l'enchaînement des séquences)**
★ **La musique**

Nous allons voir en détail que faire avec ces critères, point par point. Une fois en place, vous aurez en main les clés pour créer des vidéos efficaces qui vont se démarquer de la concurrence et qui généreront des ventes via la publicité Facebook.

→ **L'accroche**

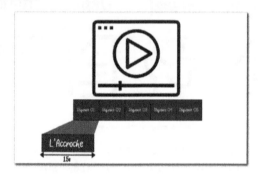

L'accroche de votre vidéo est l'un des éléments les plus importants de celle-ci. Le but de l'accroche est de capter l'attention de la personne pour passer la première étape des fameuses 1,5 à 3 premières secondes (l'attention moyenne qu'ont les gens sur une vidéo).

Pour accrocher votre audience, plusieurs leviers s'offrent à vous :

● La **curiosité** (poser une question, inviter votre client à se projeter).

- Appuyer sur les **douleurs** actuelles de votre client.

- Le **résultat** final de votre produit après son utilisation.

- La **promesse** de votre résultat.

- Votre produit en **utilisation**.

- Une phrase « **choc** » *(dans le bon sens du terme)* à propos de votre produit.

- Un **témoignage** rapide d'un de vos clients.

- Un élément « **bizarre** »/« **nouveau** » de votre produit, voire de votre niche (ex : je vends un jouet pour chats, je peux commencer ma vidéo par un chat faisant une tête très particulière).

- Etc.

Une très bonne source d'inspiration est les publicités de télé-achat. On se retrouve à regarder la moitié d'une publicité alors que nous n'avions même pas connaissance de l'existence du produit il y a encore quelques minutes. C'est exactement cela que l'on cherche à obtenir avec notre accroche.

→ **Le format**

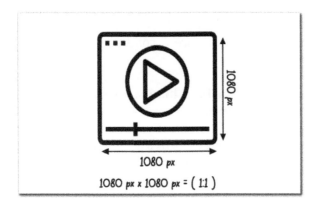

1080 px

1080 px x 1080 px = (1:1)

Le format de votre vidéo est important sur Facebook (et toute autre régie publicitaire). Notre but est d'occuper le maximum d'espace dans le fil d'actualité Facebook de nos clients.

Nous allons donc utiliser un format ayant un ratio 1:1 (Carré), ou 3:4 (Rectangle) dans certains cas.

→ **La miniature**

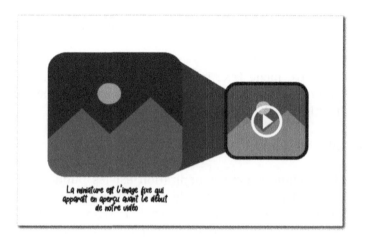

La miniature est l'image fixe qui apparaît en aperçu avant le début de notre vidéo. Elle a une double utilisation : attirer l'attention de notre client potentiel et aider Facebook à déterminer à qui diffuser la publicité.

Vous pouvez simplement utiliser les meilleures images de votre produit en tant que miniature à condition de respecter certaines conditions :

- **Pas d'image sur fond blanc :** nous avons détaillé cela dans les fiches produits.

- Utiliser des **images « pro »** de votre produit dans un **environnement** ou en **cours d'utilisation.** Là aussi, mêmes conseils que pour les fiches produits.

- **Avoir des images en qualité HD :** Facebook vous pénalise si ce n'est pas le cas.

- Si possible, utiliser des **couleurs vives différentes de celles de Facebook** (blanc et bleu) afin de mieux ressortir du fil d'actualité de Facebook.

- Si possible montrer un **visage humain heureux.** Facebook adore avoir de la positivité sur son réseau, cela pousse les gens à revenir plus souvent.

- Vous pouvez ajouter un peu de texte à vos images (ce n'est pas obligatoire). La seule condition étant que le texte doit couvrir **moins de 20 % de la surface de l'image.** Facebook vous pénalise et annulera la diffusion si vous passez au-dessus de ce chiffre, une image doit rester une image.

Mon conseil pour les miniatures est assez simple : testez le maximum de choses plus ou moins relatives à votre niche en respectant les critères ci-dessus.

→ **La durée**

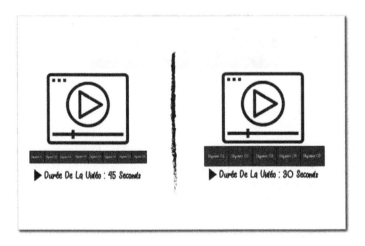

Votre vidéo va attirer l'attention des prospects et développer leur intérêt, voire même leur désir pour votre produit (rappelez-vous la pyramide **AIDA**), mais votre vidéo ne va pas directement engendrer une action (une vente). Et c'est là que la majorité des personnes se trompent avec les creatives sur Facebook. L'action (la vente) va se réaliser sur votre fiche produit qui va venir « finir le travail » entamé par votre vidéo.

En ce sens, nous n'allons pas créer de creatives vidéos de 5 minutes pour essayer de vendre le produit directement sur Facebook. Non, votre vidéo doit se fondre dans son cadre : celui d'un réseau social (plus de détails dans les points suivants), avec une durée généralement comprise entre 15 s et 45 s.

→ **La pertinence des séquences**

Comme mentionné précédemment, notre but est d'avoir une vidéo qui mette en avant notre produit tout en restant « naturelle » dans notre réseau social.

Sélectionnez donc des séquences qui vont apporter de la valeur aux clients de votre niche (les gens adorent apprendre des choses en surfant sur les réseaux), mettez en avant les douleurs de votre audience pour introduire votre produit comme une solution qui mettra fin à ces problématiques.

En général, il est inutile d'utiliser plusieurs fois la même séquence. Tout comme il est inutile de répéter une même information.

Au risque de détourner l'attention du spectateur, évitez aussi le trop-plein d'écriture dans votre vidéo.

Enfin, ne terminez pas votre vidéo par la présentation de votre boutique ou en incitant les gens à cliquer. Je sais que cela peut paraître contradictoire, mais nous souhaitons terminer les vidéos de façon « sèche », à la manière d'un cliffhanger, pour créer du suspense et ainsi donner l'envie de voir la suite sur la fiche produit.

→ **Le rythme (l'enchaînement des séquences)**

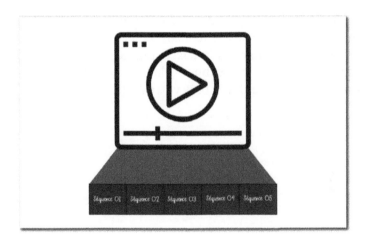

Une composante cruciale pour garder l'attention des spectateurs est le rythme de nos séquences.

Il est impératif que vos séquences s'enchaînent rapidement (1 s - 1,5 s par séquence), de manière à avoir le plus de plans et de séquences différentes dans votre vidéo. Cela donne une dynamique à la publicité en augmentant automatiquement l'attention du spectateur.

→ **La musique**

Dernier élément à prendre en compte pour votre vidéo : la musique. Comme pour les séquences, pensez à avoir des musiques entraînantes et dynamiques (à l'exception de certaines niches, telle le Yoga). Cumulé avec les bons plans vidéo, un bon choix de musique accrochera toujours plus votre audience.

Conclusion des critères d'une vidéo gagnante

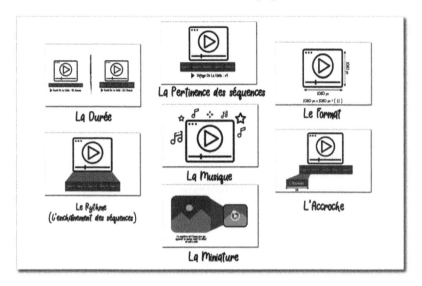

Nous avons vu en détail les critères d'une publicité vidéo gagnante. Respectez ces critères et vous aurez des vidéos qui vous démarqueront de vos concurrents tout en vous générant des ventes. N'oubliez pas non plus que c'est en forgeant qu'on devient forgeron. Plus vous créerez et testerez des publicités, plus vous serez en capacité de déterminer les modèles qui fonctionnent le mieux pour votre niche.

Voyons maintenant les critères d'une image gagnante...

Les critères qui vont déterminer le succès d'une creative de type « image » :

Il s'agit simplement des mêmes conseils que pour les miniatures. Vous pouvez simplement utiliser les meilleures images de votre produit à condition de respecter certains critères :

★ **Pas d'image sur fond blanc :** nous avons vu en détail cela dans les fiches produits.

★ Utiliser des **images de qualité « professionnelle »** avec votre produit dans un **environnement** ou en **utilisation**. Là aussi, il s'agit du même conseil que pour les fiches produits.

★ **Avoir des images en qualité HD :** Facebook vous pénalise si ce n'est pas le cas.

★ Si possible, avoir des **couleurs vives différentes de Facebook** (blanc et bleu) afin de mieux ressortir dans fil d'actualité de Facebook.

★ Si possible, montrer un **visage humain heureux.** Facebook aime partager de la positivité sur son réseau, cela pousse les gens à revenir plus souvent.

★ Vous pouvez ajouter du texte à vos images (ce n'est pas obligatoire), mais soyez sûr que ce texte ne couvre pas plus **de 20 % de la surface de l'image.** Facebook vous pénalise automatiquement si vous passez au-dessus de ce seuil (une image doit rester une image).

Mon conseil est là aussi similaire aux miniatures : testez le maximum de choses plus ou moins relatives à votre niche en respectant les critères ci-dessus.

Conclusion sur les creatives

Vous connaissez maintenant les principaux critères d'une creative gagnante, vous êtes plus avancé que 80 % des annonceurs sur Facebook, bravo !

Maintenant, il est temps de passer à l'action et de mettre en pratique ce que nous avons appris. Le but : créer les creatives d'un de vos produits afin d'être prêt à lancer votre première campagne de publicité et générer vos premières ventes.

Et bonne nouvelle !

Je vous ai préparé un **BONUS PRATIQUE spécial creative :** « **Comment créer des creatives gagnantes + mes meilleurs outils personnels, le tout clic par clic, en vidéo** » !

Il s'agit d'une série de vidéos pratiques qui vont vous dévoiler clic par clic comment créer des creatives pour vos publicités Facebook, le même type de publicités que je crée actuellement pour vendre les produits de mes propres boutiques. Je vais aussi vous dévoiler mes outils de création de vidéo utilisables même si vous n'avez aucune connaissance technique... Il vous suffit de recopier la méthodologie, clic par clic, en suivant les vidéos ! C'est cadeau. ;)

★ www.saadben.com/creative

Utilisez le lien ci-dessus pour recevoir toutes mes stratégies : « Comment créer des reatives gagnantes + mes meilleurs outils personnels, clic par clic, en vidéo » dans ce BONUS OFFERT !

Aller plus loin, plus vite, ensemble :

Avec cette Étape #3 – spéciale creative, vous avez en main toutes les clés pour créer votre propre vidéo de zéro, en suivant la méthode du livre et en y mettant de votre temps.

Mais si jamais vous souhaitez économiser du temps et être encadré par des professionnels, mon équipe et moi vous proposons le **« Winners Club » : recevez plus de 150 produits gagnants dans 20 niches AVEC leurs CREATIVES (!)**, validés en personne par moi-même ! Il s'agit de l'unique club de produits existant en Francophonie, absolument PERSONNE ne fait cela ! Bien sûr il s'agit d'un service optionnel et facturé, et sous réserve des places disponibles.

Voici le détail du Winners Club :

★ **+ 150 produits gagnants** dans 20 niches sélectionnées par mon équipe et moi-même.
★ **Analyse des fournisseurs :** je vous donne les meilleurs fournisseurs.
★ Espionnage des **boutiques concurrentes :** les meilleures boutiques concurrentes de votre niche.
★ Espionnage des **publicités concurrentes :** je les espionne et les classe pour vous.
★ **Audiences à cibler sur Facebook :** je vous donne les meilleures personnes à cibler avec vos publicités.
★ **Lien direct vers les publicités** des produits viraux sur Facebook : je les espionne pour vous.
★ Une **vidéo publicitaire montée pour CHAQUE produit :** valeur par vidéo de 30 € !
★ Une **miniature montée pour CHAQUE produit :** valeur par image de 5 € !
★ Un **calendrier des fêtes du mois** à utiliser pour faire vos promotions/offres e-commerce.
★ Tous les **templates d'emails pour les fêtes,** qu'il vous suffira de copier, coller et envoyer à vos clients.
★ Une **liste de tous les Influenceurs des niches** + l'analyse de leurs placements ce mois-ci.

En écrivant tout le contenu du Winners Club, je viens de me rappeler pourquoi PERSONNE ne fait cela parmi mes concurrents, c'est tout simplement « trop ». On me le répète souvent, même les personnes dans le Winners Club : « Saad tu devrais vendre ça 5 fois plus cher ! ». Mais ce n'est pas mon but, je veux vous permettre de réussir au plus vite et le plus simplement possible (tout en couvrant mes frais sur ce produit bien sûr, nous avons 3 employés à temps plein qui travaillent sur le Winners club).

→ **Pour vérifier s'il reste des places disponibles, rejoindre le winners club et générer des ventes au plus vite... Rendez-vous ICI :**
www.saadben.com/winner

---

3. COMMENT LANCER DES CAMPAGNES DE PUBS FACEBOOK ET LES ANALYSER

Maintenant que vos creatives sont prêtes, il est temps de lancer vos campagnes publicitaires sur Facebook via votre Business Manager et d'analyser les résultats afin de maximiser vos ventes.

Pour démarrer cette étape, vous devez absolument avoir complété les étapes précédentes dans l'ordre indiqué dans ce livre. Si vous avez sauté certaines étapes ou êtes passé rapidement dessus, c'est le moment de vous y pencher en détail.

Le dropshipping nous offre une arme inestimable : son inventaire « infini » de produits. Nous allons donc en tirer profit au maximum : le but de vos campagnes publicitaires est qu'elles soient rentables le plus tôt possible.

Nous allons adopter une stratégie spécifique conçue pour le dropshipping dans notre manière de lancer et surtout d'analyser nos campagnes.

Afin de rester toujours à jour et de vous fournir les dernières stratégies qui fonctionnent actuellement en publicité Facebook, je vous ai préparé un énorme **BONUS : « Comment créer et analyser vos campagnes Facebook, clic par clic, en vidéo » !**

Il s'agit d'une série de vidéos pratiques qui vont vous dévoiler, clic par clic, comment créer vos campagnes de pub Facebook avec mes meilleures configurations, comment analyser les résultats, les actions à mettre en place selon les résultats, toutes les erreurs communes à éviter, et bien plus encore... Il vous suffit de recopier, clic après clic, en suivant les vidéos ! C'est cadeau. ;)

★ www.saadben.com/pub

Utilisez le lien ci-dessus pour recevoir toutes mes stratégies : « Comment créer et analyser vos campagnes Facebook, clic par clic, en vidéo » dans ce BONUS OFFERT !

Tous ces bonus ont une valeur inestimable, ne les sous-estimez surtout pas parce ce qu'ils vous sont offerts via ce livre. Ils sont le résultat de travail, d'études, d'analyses, de tests réalisés sur mes boutiques avec mon propre argent, et ce sur plusieurs années. Je vous évite toutes les embûches et toutes les erreurs que j'ai moi-même faites. Désormais, il ne vous reste plus qu'à passer à l'action !

★ Ce que vous avez appris dans l'Étape #3 – Partie pub payante :

Avec cette 3e étape – Partie publicité payante, vous avez découvert un tout nouveau monde dans lequel vous allez pouvoir développer votre marque à une vitesse inégalable :

- ★ **Le concept de publicité payante :** Imaginez maintenant avoir la possibilité de cibler des (dizaines de) millions de personnes dans votre niche sans devoir construire l'audience à partir de zéro, car ces audiences sont déjà présentes.

- ★ **L'accessibilité de la pub aujourd'hui :** Les plus grands réseaux sociaux (Facebook, YouTube, Google) offrent à vous et moi la possibilité de diffuser des annonces directement sur leurs plateformes, en utilisant la puissance de leurs algorithmes pour cibler de manière très précise nos clients potentiels.

★ **La meilleure plateforme pour débuter la publicité payante :** Facebook et son énorme audience de 2,5 milliards d'utilisateurs couplée à son système de publicité le plus poussé du marché (type de contenu, placement, apparence des publicités, possibilités de dépenses, optimisation, réglages, etc.).

★ **Comment débuter sur cette plateforme de manière optimale :** l'outil professionnel pour faire de la publicité sur Facebook : Le Business Manager ainsi que les meilleures configurations à effectuer sur cet outil.

★ **Les secrets d'une publicité réussie :** L'attention est une denrée rare. Le challenge pour les annonceurs est donc de se démarquer de cette masse de publicité et de « gagner » l'attention de nos clients potentiels avec un schéma très connu en marketing appelé AIDA (Attention/Intérêt/Désir/Action).

★ **Comment lancer des campagnes publicitaires Facebook et les analyser :** la stratégie spécifique à adopter pour le dropshipping pour lancer des campagnes rentables et surtout les analyser de manière optimale.

Alors il est temps de passer à la quatrième étape, celle qui va vous libérer du temps, pour que vous puissiez profiter pleinement de votre argent !

PLAN D'ACTION DE L'ÉTAPE #3 – PARTIE PUBLICITE

Voici le plan d'action détaillé à mettre en place pour l'Étape #3 – Partie publicité :

1. **Lisez** entièrement l'étape sans sauter de sections.

2. **Débloquez** votre premier BONUS offert ici : http://www.saadben.com/bm.

3. **Créez** votre Business Manager Facebook en suivant le bonus.

4. **Débloquez** votre deuxième BONUS offert ici : http://www.saadben.com/creative.

5. **Créez 3 Creatives** pour l'un des produits de votre boutique.

6. **Débloquez** votre troisième (!) BONUS offert ici : http://www.saadben.com/pub.

7. **Lancez** votre campagne de pub FB en suivant le bonus.

8. **Analysez** vos ventes en suivant le bonus.

9. **Répétez** ce plan d'action et faites des ventes tous les jours.

ÉTAPE #4 :

AUTOMATISEZ VOTRE BOUTIQUE ET GAGNEZ DE L'ARGENT EN DORMANT

« Si tu ne trouves pas un moyen de gagner de l'argent lorsque tu dors, tu travailleras jusqu'à ta mort... »

C'est Warren Buffet, le 4e homme le plus riche au monde, considéré comme le meilleur investisseur de tous les temps, qui a prononcé cette phrase. Je suis entièrement d'accord avec lui. Après tout, notre but ici est de devenir totalement libres : financièrement, géographiquement et aussi temporellement, afin de profiter des nôtres, de réaliser nos rêves, de vivre nos passions, d'apprécier les choses simples au quotidien, de « prendre le temps »...

Notre ressource la plus précieuse au monde n'est pas l'argent, mais bien le temps. Personne ne peut en racheter, même l'homme le plus riche du monde ; et s'il le pouvait, il dépenserait l'intégralité de sa fortune pour une journée de plus sur cette terre...

Dans cette étape, nous allons automatiser certains aspects de votre boutique afin de gagner du temps. Vous allez ainsi apprendre à générer des ventes même lorsque vous dormez !

1. MA DECOUVERTE DE L'AUTOMATISATION

Un an après m'être associé avec Adam, notre business florissait, tout marchait bien, nous étions libres financièrement, je n'avais plus la contrainte de me lever à heure fixe, je pouvais travailler sur mes boutiques depuis un café, je pouvais aider mes parents… Bref tout allait bien.

Pour autant, on travaillait en moyenne six heures par jour, car nous avions de grandes ambitions avec nos projets e-commerce, mais ça n'allait pas totalement avec notre volonté d'être libérés des horaires de travail du salarié. Il nous fallait passer au cran au-dessus et pour cela, nous avions besoin de coachs, de personnes qui étaient déjà passées par là, qui nous comprenaient et qui pouvaient nous aider.

Nous avons donc décidé de nous faire coacher par les meilleurs au monde en dropshipping à cette époque : les frères Tan. Deux frères de Singapour d'origine chinoise, très connus, qui généraient 50 millions de dollars de chiffre d'affaires par an. Ils avaient commencé sur eBay il y a 10 ans, puis avaient créé plusieurs start-ups, pour finalement se concentrer sur le e-commerce et le dropshipping. On les suivait déjà sur les réseaux sociaux afin de guetter une opportunité de se faire *mentorer* directement par eux. Fin 2017, les Frères Tan lancent leur Mastermind (c'est un terme utilisé pour décrire un groupe d'entrepreneurs qui se réunit physiquement pour un séjour de formation & coaching sur une thématique business.).

J'étais déjà convaincu que les Masterminds étaient indispensables à la réussite lorsque l'on a de grandes ambitions. Napoléon Hill, l'auteur du livre *Réfléchissez et devenez Riche*, s'était intéressé aux 500 hommes les plus influents de l'époque et il avait remarqué qu'aucun n'avait réussi seul. Tous s'étaient entourés de personnes décidées à avancer coûte que coûte, à construire, à créer, à évoluer ensemble.

Cependant le Mastermind des Frères Tan avait un coût : 14 000 $ (environ 12 000 € à l'époque), pour seulement trois jours de formation. À ce moment, c'était le plus gros investissement de ma vie. Mais nous sentions vraiment que si nous nous rendions là-bas, tout allait changer pour nous, qu'il y aurait un avant et un après Mastermind.

Et cela a été la meilleure décision de ma vie…

Le Mastermind avait lieu en Thaïlande, je n'avais quasiment pas voyagé jusque-là et du jour au lendemain, je partais pour l'autre bout du monde ! Tout ça était nouveau pour moi, je n'étais pas très à l'aise, mais persuadé malgré tout qu'on prenait la bonne décision. Après quelques heures de voyage, nous voilà arrivés à la magnifique villa dans laquelle nous allions écouter les frères Tan. Une villa que je n'aurais jamais imaginé voir un jour, et dans laquelle je me voyais encore moins dormir et séjourner. J'étais sur un petit nuage...

Durant ces trois jours de mastermind, nous avons rencontré des dropshippers qui venaient du monde entier, quasiment tous (multi) millionnaires. Je me trouvais soudain au milieu d'une communauté qui parlait le même langage que moi, avec des personnes qui avaient réussi autant et même plus que moi mais qui, pourtant, restaient modestes et à l'écoute. Moi qui n'étais pas du genre à partager mes secrets, voilà que j'échangeais librement avec eux sur mon parcours et mes trouvailles. Les frères Tan nous ont montré une vision du dropshipping très américanisée. Tout est carré, clair, précis, on étudie tout à fond pour gagner le plus possible et on fonce. Pourtant, ils restaient très simples, abordables. Je les ai beaucoup appréciés pour ça. Je me suis rendu compte que ce ne sont pas des super-humains, mais des personnes comme vous et moi, des personnes normales qui ont réussi de belles choses. Alors pourquoi pas moi ?

Cette semaine a changé notre vie à tout jamais. C'est là que j'ai vu toute la puissance du partage d'expériences, la meilleure forme de transmission des connaissances au monde depuis des milliers d'années. Nos ancêtres, nos grands-parents et même nos parents ont tous appris de cette façon, et aujourd'hui il s'agit encore de la meilleure méthode pour acquérir des connaissances pratiques, les mettre en action et réussir. J'ai appris énormément de choses, dont de nouvelles techniques qui permettent de repérer les tendances, les produits qui vont marcher avant qu'ils n'arrivent sur le marché international, l'importance de Facebook, la gestion de sa clientèle, l'importance d'une marque et bien sûr l'automatisation (nous y reviendrons en détail plus tard).

Par-dessus tout, j'ai compris qu'il était primordial de s'entourer et de continuer à apprendre. Aujourd'hui encore, je continue de me former quotidiennement, via des coachings en ligne privés avec des entrepreneurs multimillionnaires et des pointures dans leurs domaines, et j'assiste à des masterminds physiques chaque année. C'est d'ailleurs un point commun de tous les entrepreneurs à succès que j'ai eu la chance de rencontrer dans ma vie : la formation continue.

Cela a complètement changé ma vision des choses. J'y ai gagné : du temps, de l'argent, de la vision à long terme et de la confiance, de la clarté d'esprit. Ce qui est à la fois inestimable et impossible à obtenir seul, quelle que ce soit notre motivation, car tout simplement « on ne peut pas savoir ce qu'on ignore ».

On a surtout découvert ce qui nous intéresse ici : **la clé,** essentielle, pour devenir totalement libre, **l'automatisation de sa boutique**.

2. Qu'est-ce que l'automatisation et comment la mettre en place ?

Automatiser, c'est programmer des robots (des applications, logiciels) pour faire des tâches à votre place automatiquement sans intervention de votre part une fois mis en place.

Lorsque nous sommes revenus du mastermind, nous avons testé cette méthode d'automatisation. On s'est acharné, on l'a améliorée, adaptée à notre boutique et à notre méthode pédagogique. Pour réussir après plus d'un an de travail à mettre en place cette étape qui vous dégagera du temps, pour que vous en fassiez ce que vous voulez ! Oui, il est possible d'automatiser votre boutique pour générer des ventes 24 h/24, 7 j/7, sans avoir à rester devant votre ordinateur. Oui, c'est totalement à l'opposé du salariat ! Gagner de l'argent sans avoir à l'échanger contre des heures et des heures de travail. Quel patron vous proposerait ça ?

Notre méthode d'automatisation se compose de deux axes bien définis :

★ **Le robot auto-répondeur**
★ **Les agents privés**

Le robot auto-répondeur est l'axe à mettre en place en premier. Il est plus simple, plus accessible à mettre en place et offre des retours plus rapides.

Voyons cela en détail...

A. Le robot auto-répondeur

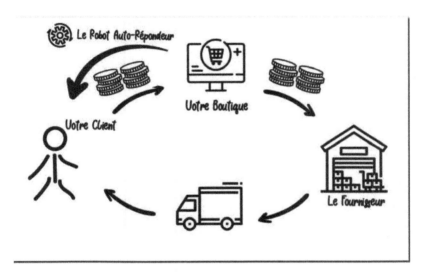

Le robot auto-répondeur, c'est le nom que nous avons donné à notre méthode unique. Une méthode qui nous permet de communiquer avec nos clients et de générer des ventes via des messages et emails automatisés, le tout en fonction des interactions du client avec nous et notre boutique.

Exemple : Si quelqu'un a acheté un produit pour les chats sur notre boutique, cette information est automatiquement sauvegardée dans le robot.

Avec cela il va renvoyer régulièrement à cette personne des emails et messages qui proposent du contenu sur les chats (articles, histoire, photos, vidéos), mais aussi des promotions spécifiques (nouveaux produits, fêtes, déstockage, etc.). Cela dans le but d'attirer à nouveau les clients sur votre boutique pour acheter de nouveaux produits.

Vous avez certainement déjà vu cela avec des groupes comme Sephora ou d'autres grandes marques. C'est exactement la même chose, mais adaptée à nous et notre boutique. Cela va vous amener des ventes récurrentes et fidéliser vos clients.

Showing 19 of 19 customers			Sort by Last update (newest first) ⇕
Annick Bassens, France	Subscribed	11 orders	€329.71 spent
Françoise Watermael-Boitsfort, Belgium	Subscribed	13 orders	€508.74 spent
Nathalie Dambenoit les colombe, France	Subscribed	16 orders	€1,093.73 spent
Evelyne GENAS , France	Subscribed	12 orders	€291.69 spent
Zahra Istres, France	Subscribed	13 orders	€428.73 spent
catherine Troyes, France	Subscribed	12 orders	€346.62 spent
Gladys Beyrouth, Lebanon	Subscribed	12 orders	€440.77 spent
Francine Juprelle, Belgium	Subscribed	12 orders	€303.43 spent
Émilie Vesoul, France	Subscribed	15 orders	€302.13 spent
Gitane SAINTE rose, Guadeloupe	Subscribed	11 orders	€609.93 spent

Regardez sur ce tableau les ventes obtenues sur notre boutique après le passage de notre robot. Un email envoyé : 1 000 € de commandes ; un deuxième email : 1 050 €, un troisième email : 1 180 € ; un message : 2 200 €.

C'est le robot qui a généré ces ventes, à aucun moment je n'ai eu à intervenir ! Ces clients commandent des dizaines de fois parce qu'ils sont fans des produits de niche que vous leur avez trouvés ; ils achètent plusieurs articles par commande et dépensent parfois des centaines d'euros sur votre boutique.

La véritable beauté de la chose, c'est que cette vente est maintenant une vente « organique » pour moi, car même si j'avais fait de la publicité payante pour générer la première vente de ce client, ici je n'ai rien payé pour lui envoyer ce message. Ma marge est donc beaucoup plus importante.

Aujourd'hui, pratiquement 30 % de mon chiffre d'affaires est généré par le robot auto-répondeur (!). Si vous comprenez cela, vous avez compris LA clé qui m'a permis de faire perdurer mes boutiques depuis plus de 5 ans (les mêmes boutiques) et qui me permet de dépasser la concurrence de manière régulière. Il s'agit simplement de l'avenir de l'e-commerce et vous devez en faire de même.

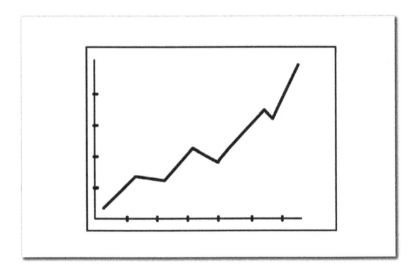

Prenons un exemple sans auto-répondeur :

- Je vends une niche pour chat sur ma boutique à 40 €.
- La niche me coûte 5 € auprès de mon fournisseur.
- Je fais une publicité sur Facebook pour vendre cette niche qui me coûte 10 €.
- Sarah achète cette niche et je gagne donc 25 € de bénéfices sur sa vente (40 € − 5 € − 10 €). On peut dire que Sarah a une « valeur » de 25 € pour moi.

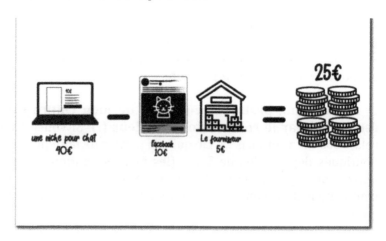

Pour la majorité des dropshippers (qui n'ont pas de robot auto-répondeur), cela s'arrête là. Fin de l'histoire.

Mais si on ajoute notre robot à l'équation :

Quelques jours après son achat, Sarah reçoit un email de mon robot pour lui proposer un tapis de chat qui serait parfait pour sa niche.

- Je vends ce tapis 20 € sur ma boutique.
- Il me coûte 3 € chez mon fournisseur.
- Je n'ai pas besoin de faire de publicité pour lui présenter ce produit (0 €).
- Sarah l'achète et je gagne donc 17 € (20 € – 3 € – 0 €) de bénéfices sur cette vente.

Sarah a maintenant une « valeur » de 42 € (25 € + 17 €) pour moi. Ce concept s'appelle en anglais la LTV (*Lifetime Value*) d'un client (en théorie cela se calcule sur le chiffre d'affaires et non les bénéfices, mais passons).

Le robot m'a donc fait gagner 17 € sans action de ma part ! Multipliez cela par le nombre de clients sur ma boutique, mais aussi par le nombre de personnes qui ont laissé leur email sans compléter leur achat (oui, eux aussi vont recevoir des messages du robot, bien sûr !) et vous obtenez des centaines, voire des milliers d'euros de revenus tous les mois en automatique.

Et ce n'est pas fini ! Sarah ne va pas recevoir un seul email de la part de mon robot, mais des dizaines (répartis intelligemment bien sûr). Elle va donc acheter potentiellement de nombreux autres produits et continuer à rapporter de l'argent de manière automatisée pendant des mois, voire des années (cf. : l'image de mon robot ci-dessus).

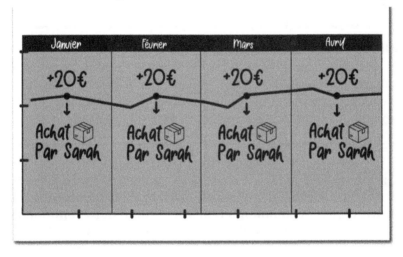

Le robot auto-répondeur est l'une des armes les plus puissantes dans le monde de l'e-commerce et du dropshipping. Vous vous en rendrez de plus en plus compte au fur et à mesure que vous l'utiliserez et ferez des ventes.

<u>Comment mettre en place ce robot auto-répondeur sur votre boutique ?</u>

Il s'agit d'éléments pratiques à mettre en place directement sur votre site. Nous allons donc le faire ensemble dans ce **BONUS** :

« Comment créer votre robot auto-répondeur, clic par clic, en vidéo » !

Il s'agit d'une série de vidéos pratiques, qui vont vous expliquer clic par clic comment créer votre robot auto-répondeur. Les applications que j'utilise, mes configurations personnelles, toutes les erreurs à éviter, et bien plus encore… Il vous suffit de suivre et d'appliquer la méthode en suivant les vidéos ! C'est cadeau. ;)

★ www.saadben.com/robot

Utilisez le lien ci-dessus pour recevoir toutes mes stratégies : « Comment créer votre robot auto-répondeur, clic par clic, en vidéo » dans ce BONUS OFFERT !

Une fois votre robot auto-répondeur en place, nous pouvons voir ensemble le 2e axe d'automatisation de votre boutique : les Agents privés…

B. Créez votre marque et automatisez-la grâce aux agents privés

Créer sa marque e-commerce (ce qui est l'un de nos objectifs depuis le début) est un excellent moyen de fidéliser nos clients, mais aussi d'automatiser nos ventes via plusieurs aspects que nous allons voir.

Mais vous vous dites sûrement que pour créer une marque e-commerce à proprement parler il faut :

- Acheter des milliers d'unités de produits.
- Les stocker dans des entrepôts.
- Faire de l'import-export.
- Devoir constamment *monitorer* les stocks.
- Réinvestir une grande partie du bénéfice en stock.
- Engager des designers pour faire le design des packagings.
- etc.

C'est ce que je pensais moi aussi. Jusqu'à ce que je découvre les agents privés.

Et si vos clients recevaient leurs commandes dans des colis personnalisés, avec votre logo et un carton de remerciement, sans avoir à acheter des milliers d'unités de stock ?

Un agent privé, c'est un grossiste spécialisé en dropshipping. Il travaille exclusivement avec nous et s'occupe de faire le lien entre les dropshippers et les usines de production. C'est une sorte de fournisseur intermédiaire. Il possède ses propres entrepôts proches des lieux de fabrication, souvent en Chine. Il connaît bien les fabricants et leur fonctionnement.

Pour commencer à travailler avec vous, la plupart des agents demandent un nombre minimum de commandes journalières de votre produit (sans forcément avoir besoin de commander un stock). Cela leur assure de ne pas « perdre » leur temps avec quelqu'un qui ne fait que quelques ventes par mois. C'est pour cela que j'ai placé cette partie à la fin du livre, vous pourrez passer par un agent dès lors que vous aurez atteint un nombre stable de ventes d'environ 25 à 50 commandes d'un unique produit par jour.

En passant par cet agent, nous sommes assurés d'avoir de bons produits (il peut vérifier la qualité pour nous), de bons prix (nous pouvons bénéficier de ses relations pour obtenir des réductions) et — ce qui nous intéresse ici — il peut s'occuper de personnaliser les envois de commandes.

Grâce à lui, vous pouvez faire expédier vos produits vendus sous votre marque, avec votre branding, de beaux emballages, des bons de réduction, des logos et *goodies*, etc. Bref tout ce que vous imaginez lorsque vous commandez chez une marque e-commerce.

Imaginez ce que ressentira le client quand il recevra sa commande, ses chers articles, dans un bel emballage, avec un carton — ou même un *goodie* — de remerciement sur lequel il y aura votre logo et le nom de votre site. Vous voyez à quel point cela va lui donner confiance et envie de revenir sur votre boutique ?

Voici notre première forme d'automatisation : fidélisez un client avec le professionnalisme de votre boutique. En envoyant un produit ultra personnalisé, ultra « brandé », cela va augmenter la valeur perçue de votre boutique. De plus, une marque est toujours plus facile à retenir. Si quelqu'un a entendu parler en bien des articles que vous vendez, c'est ce nom qu'il recherchera sur Internet.

Nous n'allons bien entendu pas nous arrêter là. Nous allons désormais pouvoir mettre en place des offres marketing similaires à celles disponibles sur notre site, mais cette fois-ci directement dans nos emballages de commandes (sous forme de flyer par exemple). Cette simple action va nous permettre de générer une nouvelle fois des ventes additionnelles totalement organiques et automatiques.

Les possibilités sont ensuite infinies. Tout ce que nous avons vu avant peut cette fois-ci être mis en place de manière physique auprès de nos clients.

Le fait de passer par un agent privé va aussi vous faire entrer dans un cercle vertueux...

C. L'importance d'avoir de bonnes relations avec son agent

Si vous avez de très bonnes relations avec votre agent, votre business va exploser grâce à la personnalisation de votre marque et de votre boutique. Vous allez aussi obtenir des produits beaucoup moins chers grâce aux économies d'échelle — vous dégagerez ainsi une part de profit plus importante. Ces agents ont un contact direct avec les usines, ils parlent leur langue, ils connaissent leur façon de fonctionner. Il est rare de trouver une usine qui offre un bon marketing et un bon SAV, alors que les agents ont l'habitude de travailler avec les dropshippers.

Quand j'ai cherché un moyen de gagner plus d'argent avec le dropshipping, je n'avais pas d'autre solution que de passer par un agent ou d'aller voir l'usine directement. Je n'avais pas assez d'argent à l'époque pour aller visiter l'usine en Chine. J'ai donc trouvé mon premier agent à qui je transmettais les commandes tous les jours ; il m'envoyait en retour la facture et je payais par virement bancaire. Du fait du volume de commandes important, j'obtenais aussi des réductions de plus en plus avantageuses avec le temps. Le client, lui, recevait son produit, avec un petit mot et un bon de réduction à l'intérieur du colis.

Lorsque, plus tard je suis allé en Thaïlande pour assister au mastermind des frères Tan, mon agent m'a proposé de venir en Chine le rencontrer. J'y suis donc allé. Grâce à lui, j'ai découvert toute la chaîne de travail de l'entrepôt, ainsi que leurs bureaux. Ça m'a rassuré sur leur sérieux et ça a consolidé notre partenariat. J'en ai profité pour visiter des usines aussi, pour comprendre le processus de A à Z. Il faut savoir que quand on fait du business avec les Chinois, le plus important c'est la confiance et le relationnel.

Laissez-moi vous raconter une anecdote qui m'est arrivée avec cet agent et comment l'histoire s'est terminée. Un jour, un agent concurrent du mien m'a contacté pour me proposer 50 centimes d'euro de réduction à l'achat sur un produit qui se vendait très bien. Je n'ai pas accepté le deal. Au contraire, je suis allé voir mon agent et je lui ai parlé de cette offre. Je lui ai dit que je continuerai à travailler avec lui, mais qu'il devait identifier qui dans son équipe avait donné mes coordonnées à ce concurrent. Il était tellement ravi que je lui en parle, qu'il a réduit le prix de mon produit de 1 € pour me remercier de mon honnêteté et de ma fidélité ! Par la suite, il a trouvé la personne qui avait donné mes coordonnées.

Voilà la valeur de bonnes relations avec votre agent. Non seulement notre confiance mutuelle a grimpé, mais le fait de s'être rencontrés m'a rassuré sur son sérieux.

Encore une fois, ne vous pressez pas, j'ai mis plus d'un an à travailler avec mon premier agent. Vous pouvez tout à fait devenir totalement libre et gagner 3 500 - 5 000 € par mois sans agent ! C'est possible.

Aller plus loin, plus vite, ensemble :

Mais si jamais vous souhaitez découvrir les meilleurs agents en e-commerce, économiser du temps et être certain de travailler avec des agents professionnels qui proposent des produits de qualités, je vous propose de rejoindre ma formation Agent privés e-commerce :

un bon agent peut faire exploser votre business et vos ventes à de nouveaux sommets ; malheureusement un mauvais agent peut faire couler votre business. La bonne nouvelle, c'est qu'après plus de 6 ans dans l'e-commerce j'ai pu tester des dizaines et des dizaines d'agents, j'ai parfois gagné beaucoup avec eux, perdu des milliers d'euros avec certains... Mais cela m'a permis de ne travailler qu'avec les meilleurs du marché. Aujourd'hui, c'est ce que je propose aussi.

Voici le détail de la formation Agents privés e-commerce :

★ **Le contact** de mes agents personnels en e-commerce.
★ **Les secrets** que j'ai découverts lors de mon voyage en Chine chez mes agents [inédit].
★ Comment discuter avec eux de façon optimale et ne plus perdre de temps malgré la barrière de la langue ?
★ Ma méthode de négociation personnelle pour avoir les meilleurs prix.
★ **Un accès** VIP en partenariat avec certains de ces agents : meilleur service, de meilleurs prix, une livraison rapide !

> → **Pour rejoindre la formation Agents privés e-commerce et travailler avec mes agents personnels...**
> **Rendez-vous ICI : www.saadben.com/agent**

★ Ce que vous avez appris dans l'Étape #4 :

Dans cette 4e étape, vous avez découvert les clés de l'automatisation de votre boutique et comment devenir totalement libre :

★ **La ressource la plus précieuse au monde :** le temps. Même l'homme le plus riche au monde ne peut pas racheter le temps écoulé ; et s'il le pouvait, il dépenserait toute sa fortune pour une journée de plus sur cette Terre…

★ **La puissance de l'automatisation :** la clé essentielle pour devenir totalement libre, c'est d'automatiser sa boutique et de générer des ventes même lorsque vous dormez.

★ **Ma méthode personnelle d'automatisation :** le robot auto-répondeur qui vous permet de communiquer avec vos clients et de générer des ventes via messages et emails de manière automatisée, selon leur interaction passée avec vous et votre boutique.

★ **Créer sa marque et l'automatiser grâce aux agents privés :** un excellent moyen de fidéliser vos clients, mais aussi d'automatiser vos ventes.

★ **L'importance d'avoir de bonnes relations avec son agent :** si vous avez de très bonnes relations avec votre agent, votre business va exploser. Votre business se professionnalise, vous faites plus de ventes et grâce à ces ventes vous pouvez négocier les tarifs à la baisse. Une relation win-win à ne surtout pas négliger.

Voilà qui conclut la quatrième et dernière étape de la méthode. Je tiens absolument à vous féliciter d'en être arrivé jusqu'ici. Si vous lisez ces lignes, vous faites partie des 1 % des personnes qui passent à l'action et vous avez déjà fait un grand pas vers votre réussite.

VOTRE PLAN D'ACTION DE L'ÉTAPE #4

Voici le plan d'action détaillé à mettre en place pour l'Étape #4 :

1. Lisez toute la partie entière sans sauter de sections.

2. Débloquez votre BONUS offert ICI : **www.saadben.com/robot**.

3. Mettez en place votre robot auto-répondeur.

4. Passez aux agents privés (une fois que vous faites des ventes) : procurez-vous ma formation spéciale Agents privés exclusivement ICI : **www.saadben.com/agent**.

RECAPITULATIF DE LA METHODE *ENFIN LIBRE*

Avec ce livre *Enfin Libre*, vous avez découvert en détails ma méthode en 4 étapes afin de remplacer votre salaire et générer 3 500 € par mois depuis chez vous grâce à la nouvelle opportunité du e-commerce, sans gros capital de départ ni connaissances en marketing :

★ **Étape #1 :** Ouvrir une boutique e-commerce, sans stock, sans inventaire et SANS même toucher les produits.

★ **Étape #2 :** Trouver facilement les meilleurs produits à vendre sur votre boutique SANS parler aux fournisseurs.

★ **Étape #3 :** Attirer des visiteurs sur votre boutique et générer des ventes tous les jours

★ **Étape #4 :** Automatiser votre boutique pour générer des Ventes 24 h/24 et 7 j/7 SANS être devant votre écran.

Vous avez appris :

→ La nouvelle opportunité qu'est le e-commerce et plus particulièrement le **dropshipping, la meilleure façon de devenir libre aujourd'hui.**

→ Comment **créer une boutique professionnelle** de A à Z avec ma méthode unique *Enfin Libre* depuis chez vous.

→ **Les meilleures niches** pour votre boutique e-commerce et le marché parfait pour débuter en dropshipping.

→ **À identifier les meilleurs types de produits** à vendre sur votre boutique.

→ **À trouver ces produits facilement** grâce à mes méthodes.

→ À **créer un univers autour de vos produits** dans votre boutique via des fiches produits et offres marketing ultra professionnelles.

→ À attirer de nouveaux visiteurs gratuitement sur votre boutique pour **générer vos premières ventes sans investir d'argent.**

→ **À utiliser la puissance de la publicité payante** pour faire des ventes tous les jours sur votre boutique.

→ **L'importance de l'automatisation,** et comment la mettre en place sur votre boutique pour devenir maître de votre temps.

→ Qu'être **entouré d'e-commerçants et accompagné par des experts** sont les meilleures façons de réussir en dropshipping (via mon histoire avec les frères Tan).

→ Et bien plus encore...

Vous faites maintenant partie du club des gagnants. Bienvenue dans le monde du dropshipping, qui vous libérera financièrement, géographiquement et vous rendra maître de votre temps !

Rendez-vous compte : bientôt, vous n'aurez plus besoin d'aller pointer pour faire des heures chez un patron, d'exécuter un travail que vous n'aimez pas, vous n'aurez plus à « poser des congés » pour pouvoir prendre des vacances, vous n'aurez plus à économiser de longs mois pour vous payer ce que vous désirez, vous pourrez offrir une vie meilleure à votre entourage. N'est-ce pas ce qui vous a motivé jusque-là ? Et vous avez raison.

J'ai mis tout mon cœur à la création de ce livre et je vous avoue que ça n'a pas toujours été une tâche aisée, mais si c'était à refaire, je le referais sans aucune hésitation ! Avec ce livre, je veux vous redonner espoir. Je vous ai mis entre les mains une méthode testée et approuvée, celle qui m'a permis de générer plus de 12 millions d'euros de chiffre d'affaires. Je l'ai testée avant vous, les erreurs que j'ai faites, je vous en ai débarrassé, c'est presque du copier-coller et vous encaissez.

J'espère vraiment que vous avez vécu une véritable révélation en lisant ces lignes, et que vous vous êtes rendu compte que VOUS aussi vous pouvez devenir LIBRE, que ce n'est pas réservé « qu'aux autres » !

Maintenant que vous connaissez les exigences et les règles pour un business rentable, il vous faut désormais passer à l'action. Et là deux choix se présentent à vous :

- Continuer seul,
- Ou vous faire accompagner, comme je l'ai vécu avec les frères Tan, avec mon association avec Adam, avec tous les coachings que j'ai suivis et que je continue de suivre aujourd'hui.

Regardez ce graphique et dites-moi : les 14 000 $ de coaching avec les Tan ont été bien investis, selon vous ?

Oui, tout le monde peut réussir dans le dropshipping. Je l'ai fait alors que j'étais parti de zéro ; comprenez bien : zéro euro. Je n'avais aucun budget et je n'y connaissais rien !

Mais les coachings que j'ai reçus m'ont fait prendre conscience d'une chose : sans eux, je ne serais pas arrivé là où j'en suis aujourd'hui.

À mon tour de faire la même chose pour vous...

PARTIE 3 :
ALLER PLUS LOIN ENSEMBLE

MA NOUVELLE MISSION :
LE PROGRAMME *ENFIN LIBRE*

★ **Retrouvez toute cette partie en vidéo**
(+ les témoignages & Bonus inédits)
ICI : www.saadben.com/libre

Ma nouvelle mission aujourd'hui est simple :

❖ Je vous ai montré qu'il est possible de partir de zéro pour se lancer dans le dropshipping ;

❖ Je veux vous tendre la main, vous aider à franchir le pas et vous accompagner dans les étapes qui vous rendront libre.

Votre objectif est peut-être de toucher simplement un revenu complémentaire ? Ou bien vous avez l'ambition de remplacer votre salaire actuel pour ne plus dépendre de quelqu'un ? Ou encore avez-vous décidé de changer radicalement votre niveau de vie pour enfin réaliser certains de vos rêves ?

Chacun de ces objectifs peut être atteint avec le **programme d'accompagnement** *Enfin Libre*. Le SEUL programme d'accompagnement et de formation pour devenir totalement libre grâce à l'e-commerce.

Une méthode pédagogique en 4 étapes pour créer une boutique qui génère au moins 3 500 € net/mois en 6 semaines, sans compétence particulière, en partant de zéro et depuis chez vous, avec un coaching quotidien de la part de l'équipe *Enfin Libre* (le détail du programme est plus bas).

Le programme est fermé la majorité de l'année (vous pouvez vérifier sur www.enfinlibre.com) et fonctionne par un système de promotions de 25-30 personnes (à la manière de classe d'école), que nous allons accompagner de zéro jusqu'à leur réussite.

Grâce à ce livre, vous bénéficiez exclusivement d'un accès à une promo *Enfin Libre* même lorsque les portes sont fermées au grand public.

★ **Rendez-vous ICI pour tous les détails :**
www.saadben.com/libre

Voici un témoignage d'un de mes élèves star, Guillaume, 22 ans à l'époque, ancien ouvrier, qui a suivi un de nos masterminds. Il travaillait dans une usine automobile, vivait chez sa mère, car il n'avait pas assez d'argent — une situation de plus en plus fréquente de nos jours — et n'était pas très bien considéré par son entourage à cause de cela. Nous l'avons aidé à ouvrir une boutique e-commerce.

Résultat : en un an, il a réalisé 2,5 millions d'euros de chiffre d'affaires ! Il était ouvrier ! Il vit aujourd'hui dans une nouvelle ville, dans un nouveau pays où il fait beau toute l'année, au bord de la plage, et tout cela grâce au dropshipping.

Guillaume, 22 ans — ancien ouvrier

« J'ai été coaché en individuel par Saad et Adam il y a un an. Je gagnais 800 000 € de CA ; actuellement je suis à 2,5 millions. Mais ce n'est pas parce que j'ai gagné ça que je ne me forme plus. J'ai pris la formation Enfin Libre *parce que j'ai une totale confiance en eux. On a énormément travaillé sur mon organisation, comment structurer mon business, gérer mes équipes et m'organiser sur Facebook ads. »*

Aujourd'hui nous avons plusieurs années d'expérience en coaching. Nous avons coaché plus de 3 000 élèves, qui ont généré des revenus complémentaires, trouvé leur indépendance financière et quitté leur emploi ou qui sont parvenus à monter de petits empires générant plusieurs millions d'euros de chiffre d'affaires.

Christophe

« La formation Enfin Libre *est la meilleure, parce qu'elle ne vous donne pas simplement des vidéos et des PDF à suivre à votre rythme, mais toutes les semaines, vous vous connectez en direct avec Saad Ben et son équipe pour poser vos questions. Celles qui vous permettent d'avancer, qui vous chagrinent, il a une réponse à toutes. C'est pour moi la meilleure formation francophone. »*

Pour bénéficier d'une liberté financière, de la gestion de votre temps libre et de votre liberté de mouvement dans ce monde, il vous faut un business en ligne. Le e-commerce, c'est le modèle de business d'aujourd'hui et surtout de demain. Comme l'ont dit les frères Tan, il faut savoir bien s'entourer pour y arriver.

Quand Mehdi est entré dans l'aventure, il était salarié, il n'avait jamais fait d'e-commerce auparavant. Après une semaine de coaching avec nous, il lançait sa boutique. Sept jours plus tard, il remplaçait déjà son salaire ! Vous vous rendez compte ? Voici son témoignage :

Mehdi — ancien salarié

« J'ai clôturé cette semaine en ayant suivi tout le parcours et j'en suis déjà à 2 500 € de chiffre d'affaires. L'idée au début, c'était d'avoir un revenu complémentaire ; là, j'ai envie d'arrêter mon job. Ce qui est fou, c'est que j'ai fait 2 500 € avec un seul produit et uniquement avec de la publicité Facebook. Je n'ai pas encore développé tout ce qui est indiqué dans la formation, comme la recherche d'influenceurs ou la publicité gratuite. J'achète encore un peu cher mon produit, mais avec tout ce qui va arriver par la suite, j'achèterai beaucoup moins cher. Je me fixe comme objectif, c'est peut-être fou, d'arrêter mon travail en septembre. »

Aujourd'hui, il a démissionné et il envisage de déménager avec sa famille à Dubaï, la ville du futur. Ça fait rêver, n'est-ce pas ? Pour lui, ça n'a pas été qu'un rêve, c'est devenu une réalité.

Alors, vous aussi, vous voulez remplacer votre salaire comme Mehdi ?

Je vous ai raconté mon histoire au début de ce livre et l'incroyable ascension de mon business. Vous avez peut-être eu l'impression que tout s'est passé facilement et rapidement. Mais j'ai eu ma part d'échecs, des hauts et des bas, parfois du découragement, comme cela arrive à tout le monde dans le business. Ma force, ça a toujours été de vouloir apprendre de mes erreurs et de ne pas lâcher, malgré les barrières.

Nous avons depuis 2016 acquis de nombreuses années d'expérience et d'expertise en e-commerce. Les erreurs à ne pas commettre, on les connaît désormais ; les choses à absolument mettre en place, celles-là aussi on les connaît. C'est de cette expérience dont je veux vous faire profiter. Vous ne ferez pas les mêmes erreurs parce qu'on les a balayées pour vous.

J'aime voir les gens se libérer de leurs contraintes financières. Au fur et à mesure des feedbacks, des messages reçus des personnes que j'ai accompagnées dans la formation, je suis devenu accro au plaisir d'aider les autres. C'est un grand sentiment d'accomplissement pour moi.

Pourquoi un tel accompagnement ?

Je sais ce que c'est que de se lancer seul dans ce business. J'aurais bien aimé qu'on m'aide quand j'ai commencé. Avoir un mentor, un coach avec qui échanger, qui partage ses astuces avec moi. En francophonie, personne ne montrait que c'était possible, du moins à l'époque. Je ne trouvais mes informations que sur des forums américains. J'ai failli abandonner plusieurs fois.

Démarrer seul dans le dropshipping demande du courage et de la ténacité, de la force intérieure. On se retrouve dans une jungle, perdu au milieu de la concurrence, des stratégies proposées et des conseils. Aujourd'hui il y a trop d'« objets brillants », de promesses...

mais pas de chemin tracé. Je veux montrer ce chemin. Ce sont les premiers pas qui sont les plus difficiles. Après ça devient presque naturel. Être accompagné par quelqu'un qui le fait tous les jours, depuis plusieurs années, qui a déjà fait toutes les erreurs possibles, c'est le jour et la nuit par rapport à se lancer complètement seul dans un nouveau domaine.

Valter

> *« C'est la troisième formation sur le dropshipping que je suis, pour être honnête — et j'ai d'ailleurs une boutique que je galérais à faire décoller. Quand j'ai vu la vidéo de Saad, je me suis dit "s'ils ont réussi à faire 10 millions d'euros de chiffre d'affaires, ce ne sont pas des rigolos. Donc je vais aller voir ce qu'il en est concrètement".*
>
> *Ils ne nous disent pas que ça va être facile, à l'inverse d'autres coachs ; mais dans cette formation, ils nous donnent des armes. Ça transpire le vécu. Il y a des astuces dans chaque vidéo, des choses à apprendre... Et on échange avec les formateurs : on a une visio par semaine, on discute de la formation, de nos difficultés, etc. C'est très innovant. »*

Laissez-moi vous raconter à quel point on peut se sentir seul.

C'était lors de mes débuts dans le business en ligne ; depuis six mois, je n'avais rien dit à personne. Un jour je rencontre un ami, on boit un café ensemble et on discute de nos vies. Je ne sais pas si c'était la caféine, mais je commence à me confier à lui, je partage mes ambitions avec de plus en plus d'enthousiasme au fur et à mesure que j'en parle. Quand je m'arrête, il laisse passer un temps de silence, me regarde droit dans les yeux et me dit, avec l'air le plus sérieux du monde : « tu perds ton temps. Tu ne vas pas réussir. »

Heureusement, cet épisode a été une motivation pour moi. Ce n'était peut-être pas la meilleure raison pour continuer, mais je me suis dit « je vais leur montrer que je vais réussir ».

Imaginez que vous n'ayez plus à vous lever tous les jours à la même heure, en mode robot, à vous asseoir dans le métro ou la voiture pour suivre le même trajet jour après jours. Que vous n'ayez plus à exécuter le même travail inintéressant à longueur d'année, à subir un patron désagréable. Que vous n'ayez plus à devoir attendre 20 h pour revoir votre famille et enfin commencer à respirer, à vous amuser. Que vous n'ayez plus à regarder votre montre parce que demain, vous recommencez tôt. Comment serait votre vie d'après vous ? Plutôt heureuse, non ?

ALLER PLUS LOIN DANS LA REUSSITE

Je vous propose ici un programme complet pour accomplir tous vos rêves, le **programme d'accompagnement** *Enfin Libre*. À travers ce programme, je veux vraiment vous aider à réussir dans le dropshipping, à vous libérer de vos chaînes métro-boulot-dodo, à gagner enfin du temps pour vos loisirs et vos passions.

Le **programme** *Enfin Libre* est une méthode pédagogique totalement différente de ce qu'on peut voir ailleurs. En plus de vous fournir de façon détaillée, pas à pas, la méthode qui permet de réaliser une boutique générant **au minimum 3 500 € net par mois en six semaines**, il vous est proposé un coaching personnalisé pour vous accompagner vers la réussite.

Aujourd'hui, proposer une formation en ligne ne suffit pas, de trop nombreuses personnes abandonnent en cours de route ou n'appliquent tout simplement pas la formation, parce qu'il leur manque quelqu'un, un mentor, qui les encourage à continuer, qui les conseille, qui leur évite les faux pas et leur montre la bonne direction.

Adam et moi avons mis presque un an à structurer ce programme. On voulait qu'il soit pédagogique, que chacun comprenne facilement les étapes, pour qu'il n'y ait plus qu'à suivre les indications, les unes après les autres. Notre méthodologie a fait ses preuves, elle est solide, elle donne des résultats incroyables. Nous sommes présents à toutes les étapes. VOUS NE SEREZ JAMAIS SEUL.

LES PILIERS DU PROGRAMME

Notre programme d'accompagnement se divise en **deux piliers** :

❖ **Pilier 1 : une formation 100 % vidéo**, pas-à-pas, clic par clic, en quatre étapes :

Les 4 étapes reprennent celles du livre, mais en plus développé, sous forme de vidéos de plusieurs heures, directement depuis notre écran à Adam et moi :

➤ Comment créer votre **boutique professionnelle** – Vous n'aurez qu'à copier-coller ce qu'on vous donne.

➤ Comment trouver les **produits gagnants** pour votre boutique ?

➤ Comment attirer des visiteurs et **faire des ventes tous les jours ?**

➤ Comment automatiser votre boutique et **devenir LIBRE ?**

On a développé des plans d'action après chaque étape, en vidéos et en documents PDF, pour que vous puissiez vous organiser au jour le jour et organiser votre mois le plus simplement possible.

❖ **Pilier 2 :** **[DU JAMAIS VU]** Un accompagnement personnalisé dans votre aventure en dropshipping par notre équipe professionnelle de coachs (cinq coachs qui sont devenus libres grâce au e-commerce), pour vous aider à avancer le plus facilement possible sur votre chemin vers votre nouvelle vie.

Vous êtes suivi, aidé, encouragé, on ne vous lâche pas dans la nature, on veut que vous soyez libre de choisir la voie que vous voulez, sans devoir la sacrifier par manque d'argent.

Jeremy

« Au départ, comme tout le monde, j'étais un peu sceptique sur le monde du dropshipping, du e-commerce. J'ai eu besoin de beaucoup tester, mais c'est vrai que ça fonctionne bien. Je trouve votre formation très qualitative. Moi j'ai toujours entrepris, toujours investi parce que je sais qu'il faut investir pour avoir un retour. Il y en a qui paient des écoles de commerce une fortune pendant des années, pour au final se faire embaucher chez un patron et être esclaves, gagnant peut-être seulement 2 000 ou 2 500 € par mois. »

L'erreur que font la plupart des gens lorsqu'ils veulent changer leur vie, c'est de lire tout ce qui se présente sur le sujet, de regarder toutes les vidéos de motivation qui existent... et de ne jamais passer à l'action. Je les comprends, ce n'est pas facile de décider qu'on va lâcher du jour au lendemain tout ce qu'on a pour l'inconnu. C'est pourquoi il est important de se faire accompagner. Pour savoir où on va, y aller un pas après l'autre, être conseillé à chaque étape et persévérer.

Youness

« Cela fait trois ans que je suis dans l'e-commerce. J'achetais énormément de formations, j'ai vu pas mal de choses et honnêtement, c'est la formation la plus complète que j'ai vue. »

Voilà en un peu plus détaillé ce qu'on vous a préparé :

PREMIER PILIER

Avec cette formation vidéo didactique, vous obtiendrez techniquement la MÊME boutique qu'Adam et moi en une semaine maximum — tout dépend du temps que vous pourrez ou voudrez y consacrer — vous aurez alors terminé **l'Étape #1**.

Pour l'**Étape #2**, on vous donnera des produits gagnants, que vous n'aurez plus qu'à ajouter à votre boutique ! Je vous dirai à chaque fois pourquoi ça fonctionne, pourquoi ce produit se vend facilement.

À l'**Étape #3**, vous allez apprendre comment transformer les visiteurs en clients. Je vous montrerai en détail de nombreuses méthodes, gratuites et payantes, pour attirer les gens sur votre boutique. Si votre ambition est de gagner vraiment beaucoup d'argent, il faudra passer par de la publicité payante, sur Facebook, sur YouTube, sur Google. Mais là encore, on vous donnera les vidéos, les publicités, il suffira juste de les lancer, c'est très simple. Avec 1 € de publicité, on peut récupérer facilement 4 € ou 5 € de chiffre d'affaires. Je vous expliquerai comment et où investir dans la publicité au fur et à mesure que vous augmenterez vos ventes, pour pouvoir passer au niveau supérieur.

Pour l'Étape #3, disons environ un mois plus tard, vous pourrez à ce stade générer déjà en moyenne 1 500 à 2 000 € de chiffre d'affaires par mois. Incroyable, non ? Vous sentez la liberté arriver ?

Étape #4 : Quelle est la seule chose au monde qu'on ne peut pas rattraper ? Le temps. On nous a habitués à penser que le temps vaut tant d'euros de l'heure. Pourtant, ça n'a pas de prix ! Il vous sera offert le fameux robot auto-répondeur multitâches qui vous libérera des centaines et des centaines d'heures, que vous pourrez utiliser autrement que devant un écran d'ordinateur.

SECOND PILIER

Pour être sûr de bien accompagner nos futurs dropshippers, on a décidé de limiter le nombre de personnes à une trentaine à la fois dans un même programme. Parce que l'humain est au cœur de nos pensées. On veut vous connaître de manière personnalisée pour vous aider au mieux.

Des séances de coaching auront lieu deux fois par semaine, parfois plus, en direct avec caméra et micro ! Je vous livre ici le témoignage de David, un de nos élèves :

David

« Je n'y connaissais rien en e-commerce, je n'avais jamais monté de boutique Shopify. Le premier mois, j'ai fait 1 000 € de chiffre d'affaires. Pourquoi ? Parce qu'on est accompagné à tout moment : que fait-on quand on a réalisé sa première vente ? Comment livrer au client ? Comment faire avec ses premiers milliers d'euros ? Il y a toute une équipe pour nous aider dès qu'il y a un frein. »

Lisez bien ici : nous vous coachons À VIE !!

C'est-à-dire que non seulement vous serez conseillé et suivi, mais vous bénéficierez de toutes les futures nouvelles techniques au fur et à mesure qu'elles seront découvertes pendant toute votre aventure e-commerce !

Qui d'autre vous propose ça ?

Notre équipe est composée d'une coach entrepreneuriale, d'un chef de projet, de coachs e-commerce pour les débutants, d'un coach branding e-commerce, d'un coach e-commerce pour les intermédiaires, pour les avancés, d'une coach *manychat* Facebook, d'un coach affiliation et parrainage, qui seront là pour vous aider à réussir dans votre aventure dropshipping.

Voici le témoignage de **Samira**, mère au foyer, sur le programme :

Samira

« La formation n'est pas seulement un coaching, c'est un accompagnement total. La disponibilité de Saad est au-dessus de toutes les limites. Il nous apprend tout, nous donne tout en toute transparence, c'est incroyable. On apprend au fur et à mesure, débutants, intermédiaires ou même professionnels, c'est une équipe du tonnerre. Saad ne fait pas de nous des dropshippers, il fait de nous des hommes et des femmes d'affaires en dropshipping. »

Si vous ne pouvez pas assister en live à toutes les séances de coaching — nous savons que certains d'entre vous sont étudiants ou salariés et ont des horaires imposés — sachez qu'elles sont toutes enregistrées et retranscrites. Vous pourrez les visionner tranquillement chez vous dès que vous aurez le temps.

Ariel a touché son premier mois plus de 12 000 €. Jeremy, père de famille, a quant à lui gagné 32 000 €, en un seul mois lui aussi !

Grâce au coaching de groupe, vous pourrez aussi partager vos victoires, vos difficultés, bénéficier des astuces, des conseils des uns et des autres. Un des éléments qui a vraiment propulsé mon chiffre d'affaires, c'est lorsque j'ai commencé à m'entourer de personnes intéressées par la même chose que moi. Ça met une petite pression, on se motive.

Nadia

« Cela fait deux semaines que j'ai commencé la formation et je ne peux que la vanter. Il y a une énorme émulation de la part du groupe, une grande disponibilité de la part de Saad Ben et de son équipe. Personne n'est laissé sur le bas-côté. Il existe beaucoup de formations sur le marché, mais celle de Saad Ben est certainement l'une des plus complètes, l'accompagnement le plus complet qui soit. »

Hyan

« J'ai été surpris par votre authenticité. Au niveau de la formation, il y a beaucoup de contenu, ça va vite, vous travaillez beaucoup pour nous. Vous êtes présents, disponibles, vous avez toujours le petit mot qu'il faut. C'est bien ficelé. Vous êtes des personnes qui peuvent faire réussir même quelqu'un qui vient d'un autre horizon.

Arnaud

« Je suis parti de rien quasiment, j'avais quelques notions en e-commerce, mais je n'avais rien fait de concret. Mes 10 000 € gagnés, c'est entièrement grâce à vous. Grâce surtout à l'aspect développement du site, mise en avant des produits. »

Même si les chiffres que vous lisez dans les témoignages font rêver, ne concluez pas qu'on gagne de l'argent « à coup sûr facilement et rapidement » avec le dropshipping. Cela demande un certain investissement personnel, de l'organisation, une envie de réussir coûte que coûte — et de ne pas se décourager si les résultats ne sont pas immédiats.

Le dropshipping est simple à mettre en place et on vous montre pas à pas comment y arriver, on vous donne nos outils, notre expertise. Croyez-moi, le dropshipping vous fera gagner bien plus en peu de temps qu'en de nombreuses années de carrière en tant que salarié.

Martin

"J'ai fait des études en marketing et pourtant, j'ai appris ici bien plus en e-commerce en quelques mois qu'en trois ans d'études. Hier, je regardais mon smartphone et je vois 1 000 € de ventes dans la journée ! Je n'y croyais pas, je me disais « comment c'est possible en un jour ?! ». "

Martin a depuis dépassé ses 50 000 € de chiffre d'affaires, en même pas un an !

Je l'ai compris avec l'expérience : toujours penser sur la durée. Si vous pensez votre business sur le court terme, si vous avez des produits moyens, si vous ne lancez pas les bons messages, si vous n'avez pas la bonne stratégie, vous ne deviendrez ni libre ni riche. Pensez grand, pensez loin.

Le mindset est l'élément pivot dans votre business

Je voudrais faire une parenthèse ici et vous parler du mindset *(état d'esprit)* en dropshipping. Je suis sûr que ça va vous aider à avancer. Le mindset, c'est l'état d'esprit, la mentalité que possède une personne. Un bon mindset, c'est une personne qui aime le challenge et qui avance malgré les difficultés. Je n'ai découvert ce mindset chez moi qu'en avançant dans mon entreprise pour changer mon quotidien. Je ne savais même pas que je l'avais.

Le mindset est un élément crucial dans votre réussite. Votre objectif final doit être plus élevé que « je veux gagner de l'argent ». L'argent, c'est un moyen, celui qui vous permettra d'atteindre votre but. Quel serait votre intérêt si vous aviez l'argent, mais que vous n'en faites rien ? Votre vision doit être plus globale.

Simon

"Le module « mindset » dans la formation m'a vraiment permis de resituer mes priorités et d'organiser mon plan de travail. Et le module sur les produits gagnants, avec toutes les techniques dont on a besoin, l'utilisation des outils, etc., est très bon."

Un mentor m'avait dit un jour : « dans le bonheur, il y a des niveaux. Et la plupart des gens pensent que soit on est heureux, soit on est malheureux. Ce n'est pas le cas, il existe plusieurs niveaux dans le bonheur, mais beaucoup se contentent du niveau 1 : le confort ».

Dans le niveau du confort, on est relativement satisfait de ce qu'on a, on n'a pas envie de changer, on ne se challenge pas. Cela dit, il y a d'autres niveaux de bonheur. Le dernier, c'est celui de l'abondance, être vraiment libre de faire ce qu'on veut, sans avoir à se soucier de l'argent.

Saviez-vous que le système nous pousse à être au niveau 1 ? À nous contenter de ce qu'on a et ne pas en demander trop ? Je ne suis pas en train de dire que le gouvernement est le méchant. Il faut simplement se donner les moyens de réussir dans la vie, de sortir du niveau 1. Il ne faut pas penser que c'est au gouvernement de nous aider, on doit passer à l'action tout seul. On cherche souvent des excuses ailleurs, mais avec Internet, on a accès à énormément de choses aujourd'hui pour nous aider. Si votre page d'accueil YouTube, votre fil d'actualité Facebook, vous propose une multitude de vidéos sur l'entrepreneuriat, la création, le mindset, vous êtes sur la bonne route. Si votre fil d'actualité est rempli de téléréalités, de news de journaux... vous savez quoi faire. L'algorithme sait sur quoi vous cliquez et ce que vous regardez le plus.

Mohamed

"Le module « mindset » nous prépare à nous fixer nos objectifs. J'ai vraiment aimé ce module. On reçoit beaucoup de bonnes informations et ça nous motive encore plus. On peut échanger facilement avec Saad et Adam, ils sont "comme nous", il y a une grande transparence entre nous. Un conseil : il faut suivre ce qu'ils donnent à la lettre. J'ai arrêté de passer mes soirées sur FIFA ou à regarder des séries. Ça change notre mentalité et ça, c'est bien. Là je me plais. Je sens qu'il y a du potentiel et un moyen de percer."

Le mindset en dropshipping est tellement important que nous vous aidons dans le programme à faire une recherche sur votre « pourquoi » dès le premier module. À trouver ce quelque chose qui vous tient à cœur, qui vous poussera toujours à faire mieux, à continuer. Pourquoi je veux être riche ? Pourquoi je veux être libre financièrement ? Tous les créateurs qui ont réussi ont un pourquoi très puissant. Votre pourquoi peut être votre famille, votre ville, votre cause, tout ce qui vous pousse à avancer malgré les barrières.

Hyan

« Sur le Net, il y a des personnes qui proposent des formations trop spécifiques et elles ont beaucoup de mal à s'adapter aux gens qu'elles forment. Vous, vous savez d'où on commence. Vous avez l'approche, la patience, la pédagogie. On voit que vous avez envie de transmettre. »

Avez-vous envie de conserver votre situation actuelle et demain matin, continuer à vous lever à 7 h pour aller au bureau ou à l'usine ?

Ou voulez-vous passer à l'action, rejoindre mon **programme Enfin Libre** et changer totalement de vie ?

LES AVANTAGES DU PROGRAMME
ENFIN LIBRE

Les avantages de ma méthode et de l'accompagnement qui l'entoure, c'est que vous n'êtes pas seul dans l'aventure du dropshipping, on est là pour vous, pour vous aider à chaque pas. Vous bénéficiez des conseils de certains des meilleurs experts du domaine, vous obtenez des outils « prêts à l'emploi », et bien plus.

Voici quelques exemples de ce que vous gagnez à faire partie du **programme *Enfin Libre*** :

1. **Tout le programme est garanti à hauteur de 2 000 € :** soit vous les gagnez avec votre boutique dans les 90 jours, soit nous vous payons personnellement la différence jusqu'à 2 000 € ! Cela veut dire que vous ne perdrez rien dans le pire des cas. La condition étant bien sûr de suivre notre formation et d'appliquer ce que vous aurez appris.

2. **Vous avez accès au programme *Enfin Libre* À Vie.** Chaque fois qu'on aura découvert de nouvelles méthodes, une nouvelle technique pour faire accroître vos ventes, on l'ajoutera à la formation, gratuitement.

3. **Vous bénéficiez d'un partenariat avec nos agents fournisseurs personnels** en Chine. On vous recommande auprès d'agents qui ont des services VIP. Avec eux, vous aurez un traitement plus rapide, des prix plus bas, un meilleur suivi, tout ce qu'il faut pour bien démarrer.

4. **Vous entrez dans notre groupe Facebook privé *Enfin Libre***, dans notre « famille », un environnement positif dans lequel vous pouvez échanger avec les membres dans un esprit d'entraide et de camaraderie.

5. On vous donne une **sélection des meilleures niches rentables** pour démarrer.

6. Vous **recevez le robot de vente automatique**. Vous n'avez qu'à l'installer sur votre boutique et ce robot travaillera à votre place.

7. On vous offre, pour votre robot, **notre pack d'emails optimisés** qui nous ont généré plus de deux millions de chiffre d'affaires. Un cadeau en or.

8. Un module entier est consacré à **l'optimisation des messages à envoyer, pour atteindre votre public à coup sûr.**

9. Notre **coach expert en parrainage e-commerce** vous forme pour transformer vos clients en ambassadeurs de marque, qui vont travailler pour vous et vous apporter de nouveaux clients.

10. **Votre place est réservée pour un séminaire** *Enfin Libre* en présentiel, parce qu'on veut vous rencontrer face à face, vous aider, créer une famille de dropshippers.

Vous pouvez le constater, on aime faire les choses en grand. Cette méthode, ces outils et cet accompagnement valent véritablement de l'or. Même si un an plus tard, vous décidiez d'arrêter le dropshipping, vous aurez acquis des compétences que peu de personnes ont, des compétences demandées dans le monde entier. Avec ce savoir, vous aurez des armes redoutables.

Nicolas

« Saad est le meilleur formateur francophone que j'ai jamais vu. J'ai déjà acheté d'autres formations, j'ai tout fait, tout essayé, mais le reste, c'est du bullshit. Saad va au concret, il t'explique tout, le pourquoi, le comment, le quand, ... Tout est détaillé. Quatre mots pour résumer la formation : honnêteté, transparence, groupe et surtout pédagogie. »

Félix

« L'accompagnement Enfin Libre est un accompagnement pro, précis et en plus, super convivial. Saad et Adam nous accompagnent chaque jour, à chaque module, avec des choses concrètes, pratiques et efficaces. »

Voulez-vous sortir de cet engrenage qui vous donne l'impression de ne travailler que pour manger ? Mettre votre famille à l'abri du besoin ? Profiter de la vie sans avoir de problème d'argent ? Soutenir la Recherche contre le cancer, des programmes d'éducation dans les pays sous-développés, ou toute autre cause qui vous tient à cœur ?

Alors c'est le moment de sortir du niveau 1. Je l'ai fait, d'autres l'ont fait, vous pouvez le faire. Nous vous y aiderons.

Rejoignez-nous ! Je vous attends avec impatience sur www.saadben.com/libre, pour démarrer cette nouvelle vie excitante avec vous.

VOS QUESTIONS, MES REPONSES

Voici quelques questions qui reviennent souvent, à la fois sur le programme d'accompagnement *Enfin Libre* et sur le dropshipping, suivies de mes réponses.

Vais-je à coup sûr réussir grâce au programme d'accompagnement ?

La condition n°1, c'est de suivre le programme exactement comme demandé, de ne pas s'éparpiller. Nous vous donnons ce dont vous avez besoin pour bien démarrer et développer un business fructifiant.

La deuxième condition, c'est d'avoir la soif de réussir, d'être motivé. Ceux qui réussissent sont ceux qui n'arrêtent pas au premier échec. Soit on gagne, soit on apprend. Nous sommes là en accompagnateurs pour que vous puissiez gagner. Plus vous allez apprendre, plus vous allez devenir compétents. Vous passerez de 50 € par jour à peut-être 1 000 €, puis 10 000 €. Ce n'est pas linéaire, de telles sommes peuvent arriver d'un seul coup.

La négativité au sujet de l'échec nous vient de notre éducation, on le diabolise. D'abord à l'école, puis au travail. La moindre erreur et on nous regarde de travers. Il ne faut pas s'arrêter à ça. Il faut persévérer, apprendre de nos erreurs pour réussir par la suite.

C'est ça, le mindset. Ne vous sous-estimez pas, vous pouvez réussir. Tout ce qui est technique, on l'a simplifié et on vous le donne.

La réussite, c'est 80 % de mindset. Dans notre programme d'accompagnement, on vous aide à le développer.

Vais-je devenir riche grâce au programme d'accompagnement ?

C'est votre motivation qui vous répondra. L'e-business est un business sérieux, sur le long terme. Si la personne a l'idée d'ouvrir puis de fermer une boutique pour faire du cash rapidement, puis d'en rouvrir une autre, etc., elle disperse son énergie et n'ira jamais loin. Il faut avoir en tête de créer un business sur le long terme.

Pour générer des millions, il faut accepter d'y passer du temps, de s'investir sans compter, de continuer à se faire coacher, assister à des masterminds, etc. Mais si vous avez l'âme d'un millionnaire, oui, notre programme vous donnera les bases solides pour vous lancer aussi loin que vous le voulez.

Le marché du dropshipping n'est-il pas mort aujourd'hui ?

Certaines personnes pensent que le marché du dropshipping est mort, qu'il est trop tard. Qu'en 2016, c'était facile, parce qu'il n'y avait quasiment personne dans ce business. Pourtant, en 2020, certains dropshippers ont explosé leur chiffre d'affaires, avec des pics durant les confinements. De nombreuses personnes qui n'achetaient jamais sur Internet ont acheté à ce moment-là, elles n'avaient pas le choix. Elles ont découvert que c'était très pratique. Ces gens-là sont de nouveaux clients pour le e-commerce. Donc non, le marché du dropshipping n'est pas mort, loin de là.

Peut-on commencer à gagner de l'argent avant la fin de la formation ?

Tout à fait, dès l'Étape #3. Vous aurez à cette étape créé votre boutique, mis vos produits en ligne et trouvé un fournisseur, il ne vous restera plus qu'à encaisser les premières ventes !

Combien de temps faut-il consacrer par jour à la formation ?

Tout dépend de votre impatience à vouloir changer de vie ! 2 heures par jour peuvent suffire, vous mettrez simplement un peu plus de temps à arriver au point où vous gagnerez suffisamment pour remplacer votre salaire, par exemple.

Est-il possible de faire des ventes sans publicité payante ?

C'est possible, bien sûr. Je vous ai parlé dans ce livre de quelques méthodes gratuites pour attirer des clients, dont le référencement naturel, mais vous en connaîtrez bien d'autres dans la formation.

Quel budget pour commencer, en dehors de la formation ?

Pour être à l'aise, prévoyez 500 €. Il faudra déjà payer la boutique Shopify, qui est à 29 $ par mois (prix 2021), mais ce n'est vraiment rien. Si dès le départ, vous pouvez mettre un budget pour de la pub payante, il faut vous 1 000 € pour être confortable.

Faut-il une entreprise pour commencer ?

Au moment où vous commencerez vos premières ventes, il vous faudra une micro-entreprise. C'est un type d'entreprise très simple à gérer et profitable à ceux qui démarrent une nouvelle activité. On vous montrera bien sûr comment la créer.

On vous parlera également des avantages et inconvénients de chaque pays : États-Unis, Allemagne, France, Angleterre et autres.

Une fois la boutique lancée, combien de temps par jour pour la gérer ?

Une fois la boutique bien établie, avec le robot et les publicités, s'en occuper prend deux à trois heures par jour. Il faut faire attention à bien exploiter ces heures, en passant à l'action. Si vous voulez remplacer votre salaire actuel, il faudra déléguer certaines tâches à un assistant ou deux. À ce rythme, vous pouvez facilement générer 3 500 € par mois.

Faut-il savoir parler anglais ?

L'anglais est toujours un plus, mais il n'est pas indispensable dans le dropshipping. Les conversations sont assez basiques et Google Traduction est largement suffisant pour se débrouiller. Il faut savoir que dans notre programme *Enfin Libre*, nous fournissons à tous nos membres les scripts nécessaires qu'il suffit simplement de copier-coller.

Est-il nécessaire d'avoir des compétences en informatique ou marketing ?

Avec ma méthode, vous avez tous les outils nécessaires pour un bon marketing, donc vous n'avez à vous inquiéter de rien. Il suffit de copier-coller tout ce qu'on vous donne et votre boutique sera professionnelle et générera des ventes sans problème.

Allez-vous traiter l'aspect légalité et fiscalité ?

Nous traitons bien sûr cet aspect dans son ensemble. Le dropshipping est un vrai business, on crée une vraie entreprise. Nous avons un module entier dédié à ça. On vous explique comment faire, quel que soit le pays où vous habitez.

Mais quand on gagne beaucoup, on paie beaucoup d'impôts !

Eh bien je dirais que c'est un problème de riche et je vous le souhaite ! Vous gagnerez de toute façon bien plus que les impôts que vous paierez.

Si vous donnez à tous vos élèves les mêmes emails et les mêmes agents, ça veut dire qu'un prospect pourrait recevoir des mails de boutiques différentes qui proposent les mêmes produits ?

Un même agent ne veut pas dire les mêmes produits, car un agent est un intermédiaire entre vous et tous les produits du monde.

Il y a des milliards de clients potentiels dans le monde, des millions de produits pour des milliers de niches différentes. La probabilité que ce client reçoive deux emails de deux boutiques similaires avec les mêmes produits est proche de zéro.

Pourquoi faites-vous autant de publicités ?

Le marketing, c'est le cœur du dropshipping. C'est l'essence de votre voiture. La monnaie universelle, c'est l'attention. Si vous n'êtes pas suffisamment présent, vous vous faites avaler par la concurrence. Ce n'est pas le meilleur produit qui est le mieux vendu, c'est le plus visible.

Comment ça se passe avec les impôts ?

La première question à se poser, c'est surtout comment générer des revenus ? Plus tard, il suffit de passer par les bonnes personnes pour avoir des optimisations fiscales légales et ne pas payer trop de taxes. Il y a toujours des solutions. Mon meilleur conseil, c'est : apprenez d'abord à vendre, puis à vendre plus.

Cela n'a pas l'air honnête, c'est trop beau

Le programme *Enfin Libre* comporte un module entièrement dédié à la création d'entreprise et à la fiscalité. Vous êtes donc sûrs de créer un business en toute légalité.

Est-ce que c'est bien de gagner autant d'argent ? N'y a-t-il pas des valeurs plus importantes que ça ?

L'argent reste un outil, qui va vous permettre de matérialiser beaucoup de choses dans la vie. Il ne vous garantit pas le bonheur, mais il va certainement y contribuer. Tout dépend de votre vision du bonheur. Avec tout ce qu'on voit autour de nous, on a tendance à penser que ceux qui ont de l'argent sont des voleurs, des arnaqueurs ou des fils à papa. Si vous pensez ça, vous aurez du mal à gagner de l'argent.

Quand on est un bon entrepreneur, un bon créateur, on gagne de l'argent, tout simplement. Après, vous pouvez le donner à des associations caritatives ou à des gens que vous aimez, si vous le voulez. Vous contribuerez comme ça pour aider d'autres personnes ou groupes.

Pourquoi votre formation serait-elle meilleure que d'autres sur Internet ?

Tous les systèmes, toutes les techniques existent déjà sur Internet, c'est vrai. Les personnes qui veulent être riches tout de suite vont acheter des tas de formations, regarder des tas de vidéos, s'engager dans des MLM *(multi level marketing,* où les clients sont des ambassadeurs de la marque), etc., et ne passeront jamais à l'action, parce que trop de choses brillent dans tous les sens. Il y a aussi le risque de tomber sur des arnaqueurs.

Avec ma méthode, le coaching et l'accompagnement, vous êtes sûr de rester sur le bon rail, de ne pas vous disperser tout en bénéficiant des meilleurs conseils, grâce à notre expérience et notre expertise.

Quels conseils me donnerais-tu pour réussir dans le dropshipping ?

Le meilleur conseil que je peux vous donner, c'est de ne pas vous disperser et de suivre le programme *Enfin Libre* pas à pas. On a effacé toutes les difficultés pour vous, il n'y a plus qu'à suivre nos traces.

Sinon bien sûr, il faut de la persévérance. Concentrez-vous sur votre business, communiquez avec vos clients potentiels, à travers des blogs, des vidéos, créez un univers autour de votre boutique.

Ne baissez pas les bras à la première baisse des ventes, car elle ne veut rien dire. J'ai réussi parce que je n'ai pas abandonné et non pas parce j'ai toujours tout réussi du premier coup. Même quand on doutait de moi, lorsque j'ai eu des petits problèmes techniques ou même familiaux, je n'ai jamais abandonné.

Pour votre boutique, choisissez des produits de qualité, mais qui ont également un effet « Wow ! », qui créent une émotion, un sentiment de n'avoir jamais vu ça ailleurs.

Attention cependant de ne pas chercher à réinventer la roue. Une minorité seulement réussit dans ce domaine : un Elon Musk, un Steve Jobs, un Jeff Bezos. Si vous n'avez pas cette âme-là, vous risquez d'échouer en beauté. Il vaut mieux dupliquer d'abord les systèmes qui existent déjà ; et lorsque le business roule bien, il est alors temps de s'intéresser à la créativité, de trouver une nouvelle façon de faire de l'e-commerce. Mon but ici est de vous montrer l'exemple et vous motiver à faire comme moi pour vous libérer enfin des contraintes financières, géographiques et de temps.

Quelques témoignages sur le programme *Enfin Libre.*

Lauriane : « Je suis novice en ce qui concerne tout ce qui est création, informatique, marketing, ce n'est pas du tout mon domaine, mais j'ai réussi à faire seule une petite boutique. »

Adan : « Il suffit d'un produit en fait. Plus vous apprenez, plus vous montez en compétence ; et à un moment, vous passez de 100 € par jour à 2 000 €. »

Pelé (70 700 € de chiffre d'affaires en un mois) : « Saad, c'est une personne qui a beaucoup d'expérience et une longueur d'avance sur tout le monde. C'est pour ça que grâce à lui j'ai explosé mes business. Tout a été très vite pour moi. »

Jeremy : « Au départ, comme tout le monde, j'étais un peu sceptique sur le monde du dropshipping, du e-commerce. J'ai eu besoin de beaucoup tester. Je trouve votre formation très qualitative. Pour ma part, j'ai toujours entrepris, toujours investi parce que je sais qu'il faut investir pour avoir un retour. »

Youness : « Cela fait trois ans que je suis dans l'e-commerce. J'achetais énormément de formations, j'ai vu pas mal de choses et honnêtement, c'est la formation la plus complète que j'ai vue. »

Guillaume (2,5 millions de chiffre d'affaires en un an) : « On a énormément travaillé sur mon organisation, comment structurer mon business, gérer mes équipes et m'organiser sur Facebook ads. »

Christophe : « La formation *Enfin Libre* est la meilleure, parce qu'elle ne vous donne pas simplement des vidéos et des PDF à suivre à votre rythme, mais toutes les semaines, vous vous connectez en direct avec Saad Ben et son équipe pour poser vos questions. C'est pour moi la meilleure formation francophone. »

Mehdi : « J'ai clôturé cette première semaine en ayant suivi tout le parcours et j'en suis déjà à 2 500 € de chiffre d'affaires. Avec un seul produit. Et je ne n'ai pas encore développé tout ce qu'on apprend dans le programme *Enfin Libre.*» (Son premier mois, Mehdi a généré 10 000 € de chiffre d'affaires.)

Valter : « Ils ne nous disent pas que ça va être facile, à l'inverse d'autres coachs ; mais dans cette formation, ils nous donnent des armes. Il y a des astuces dans chaque vidéo, des choses à apprendre... Et on échange avec les formateurs, on discute de nos difficultés, etc. C'est très innovant. »

David : « Le premier mois, j'ai fait 10 000 € de chiffre d'affaires. Pourquoi ? Parce qu'on est accompagné de A à Z sur comment créer une boutique, quels produits choisir, etc. Et il y a toute une équipe pour nous aider dès qu'il y a un frein. »

Samira : « La formation n'est pas seulement un coaching, c'est un accompagnement total. La disponibilité de Saad est au-dessus de toutes limites. Il nous apprend tout, nous donne tout en toute transparence. Saad ne fait pas de nous des dropshippers, il fait de nous des hommes et des femmes d'affaires en dropshipping. »

Nadia : « Il y a une énorme stimulation de la part du groupe, une grande disponibilité de la part de Saad Ben et de son équipe. Personne n'est laissé sur le bas-côté. »

Simon : « C'est une très bonne formation. Le module "mindset" m'a vraiment permis de restructurer mes priorités et d'organiser mon plan de travail. »

Mohamed : « Le module "mindset" du programme nous prépare à nous fixer nos objectifs. J'ai vraiment aimé ce module. On reçoit beaucoup de bonnes informations et ça nous motive encore plus. J'ai arrêté de passer mes soirées sur FIFA ou à regarder des séries. Ça change notre mentalité et ça, c'est bien. Là, je me plais. »

Hyan (dès le départ, avec un seul client et une seule commande : 173 €) : « Vous, vous savez d'où on commence. J'ai été surpris par votre authenticité. Vous avez l'approche, la pédagogie. On voit que vous avez envie de transmettre. Vous pouvez faire réussir même quelqu'un qui vient d'un autre horizon. »

Arnaud : « Je suis parti de rien quasiment, j'avais quelques notions en e-commerce, mais je n'avais rien fait de concret. Mes 10 000 € gagnés, c'est entièrement grâce à vous. »

Martin : « J'ai fait des études en marketing et pourtant, j'ai appris ici bien plus en e-commerce en quelques mois, qu'en trois ans d'études. »

Nicolas : « J'ai déjà acheté d'autres formations, j'ai tout fait, tout essayé, mais le reste, c'est du bullshit. J'ai quatre mots pour décrire la formation : honnêteté, transparence, groupe et pédagogie ».

Félix : « L'accompagnement *Enfin Libre* est un accompagnement pro, précis et en plus, super convivial. Saad et Adam nous accompagnent chaque jour, avec chaque module, avec du concret. ».

Abdou : « Je faisais partie des personnes qui avaient hésité à payer le programme. Je me posais beaucoup de questions : est-ce qu'en allant sur Internet, en cherchant un peu, on ne pourrait pas avoir tous ces éléments ? Verdict : il est impossible de créer un site e-commerce professionnel sans passer par une formation et avoir un retour de personnes qui ont déjà une expérience. »

Corinne : « Je suis la formation depuis une quinzaine de jours. J'avais fait énormément de recherches, mais j'ai eu la chance de tomber sur la formation de Saad. Ils ont une façon d'aborder les choses qu'on ne trouve pas ailleurs. Ils vous emmènent pas à pas, doucement, ils travaillent votre mindset, ils vous apprennent vraiment les règles et les lois du dropshipping. Ils sont carrés, c'est sûr. On se voit à la caméra deux fois par semaine, dans un groupe très sympa. Ils nous apprennent à prendre de l'assurance. »

Issam : « Je suis salariée, ingénieure de formation, je travaille depuis environ un an et demi et ça y est, j'ai dit "Stop !" au salariat. J'ai beaucoup hésité au début : est-ce que ça en vaut la peine ? Je suis débutante, je n'ai pas assez de notions... Mais je me suis lancée. La formation est hyper bien faite, et on découvre des bonus qui découlent de l'expérience de Saad et Adam. J'apprécie également énormément le contact direct ; on se sent accompagnés, on se sent ensemble ; l'interaction est continue. »

Sophie : «Je suis complètement novice dans le milieu du dropshipping et je voulais suivre une formation pour gagner du temps. J'avais comparé à gauche, à droite les différentes formations proposées sur le marché, mais par rapport à toutes les autres personnes que j'ai pu voir, j'ai trouvé que Saad et Adam avaient de l'humanité, il y a un véritable échange, un contact proche et familier. Ils prennent le temps de répondre à chaque interrogation, ils ne se posent pas la question comme d'autres : "Est-ce que cette personne est rentable pour moi ou est-ce qu'elle va me faire perdre mon temps ?" »

Tout est dit, l'équipe au complet vous attend de l'autre côté sur <u>www.saadben.com/libre</u>, pour vous aider et vous motiver encore plus !

N'hésitez pas à réserver un appel avec nous pour avoir plus de précisions : <u>enfinlibre@saadben.com</u>

Merci d'avoir lu ce livre jusqu'au bout et à bientôt !

Saad